Le Chaim!

Le Chaim!

Mit DANIELLE SPERA
durch das jüdische Jahr

Amalthea Verlag

חיים

Wenn ich nicht für mich bin, wer ist für mich,
und bin ich nur für mich, was bin ich,
und wenn nicht jetzt, wann dann?

Rabbi Hillel
(Pirkei Avot 1, 14)

Inhalt

11 Zur Einstimmung

21 Der jüdische Kalender – einfach kompliziert
  27 Der jüdische Kalender im Überblick
  28 Das hebräische Alphabet (Alef Bet) mit Zahlenwerten

31 Vor dem Essen, nach dem Essen
  31 Das rituelle Händewaschen

37 Shabbat Shalom!
  37 Der wöchentliche Feiertag Shabbat
  51 Rezepte für Shabbat

61 Le Chaim – auf die Bäume und auf Königin Esther
  61 Tu bi Shwat
  64 Purim
  70 Rezepte für Tu bi Shwat und Purim

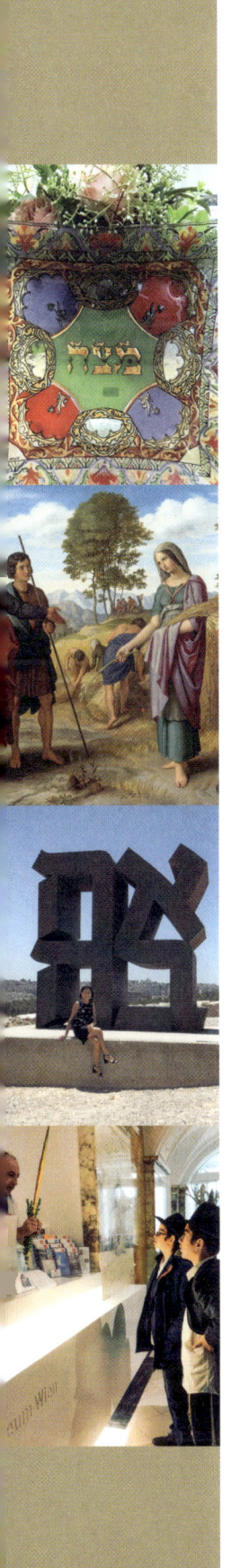

75 Le Dor wa Dor –
von Generation zu Generation

  75 Das Pessachfest

  86 Rezepte für Pessach

93 Geschenke Gottes

  93 Lag ba Omer

  94 Shawuot

 100 Rezepte für Lag ba Omer und Shawuot

107 Lehren für Gegenwart und Zukunft

 107 Tisha be Aw und weitere Fasttage

111 Die hohen Feiertage im Herbst

 111 Rosh haShana

 116 Jom Kippur

 120 Sukkot

 124 Simchat Tora

 126 Rezepte für Rosh haShana

133 Licht ins Dunkel
- 133 Das Ölwunder und das Lichterfest Chanukka
- 142 Rezepte für Chanukka

147 Erinnerung, Gedenken und der jüdische Valentinstag
- 147 Von Jahrzeit bis Tu be Aw

155 Jeder Topf findet seinen Deckel
- 155 Hochzeit
- 168 Bar Mitzwa/Bat Mitzwa
- 172 Brit Mila

177 Fragen wird man wohl dürfen
- 177 Die koscheren Speisegesetze
- 186 Rezept für Goldene Joich

189	Auf Reisen
201	Zum Abschluss
207	Glossar
215	Weitere wichtige Begriffe des Judentums
218	Literaturverzeichnis
220	Bildnachweis
221	Die Autorin

Le Chaim!

Zur Einstimmung

Sie wollten uns töten. Wir haben gewonnen. Lasst uns essen! Dieses nicht allzu ernst gemeinte Motto wird oft für jüdische Feiertage angewandt. Im Mittelpunkt aller jüdischen Feiertage stehen Erinnerung und Gedenken an historische Ereignisse, die von Generation zu Generation weitergegeben werden sollen. Gleichzeitig wird besonders freudig und genussvoll gefeiert. Freilich gibt es im jüdischen Jahreskreis auch zahlreiche Fasttage, an denen besinnliche Einkehr gehalten wird.

Einer der wichtigsten Grundsätze im Judentum ist, das Leben und alles, was einem gegeben wurde, auf das Beste zu nützen. Am Ende der Tage werden wir gefragt, ob wir dieses Leben, das uns überantwortet wurde, auch gelebt haben.

»Erfülle die Welt und erobere sie«, heißt es in der Tora, der Bibel (1. Buch Mose 1, 22). Die Wertschätzung des Lebens stellt im Judentum ein wichtiges Prinzip dar. Es ist ein Gebot, sich gesund zu halten, auf andere Menschen zu achten und für sie zu sorgen. Die Rettung des Lebens eines Mitmenschen setzt sogar alle Gebote außer Kraft. Daher ist es kein Zufall, wenn wir einander an jüdischen Feiertagen »Le Chaim« wünschen. Auf das Leben! Wobei auch hier – wie bei allem anderen im Judentum – bereits eine Diskussion darüber entsteht, was der Spruch »Le Chaim« beinhalten könnte und welche verschiedenen Aspekte darin zu finden sind.

Immer wieder werde ich auf jüdische Feste, Rituale oder Bräuche angesprochen und darauf, dass alles aus der Distanz vielleicht etwas komplex erscheint. Wenn man aber jemals an einem der Feste teilnimmt, gelingt es rasch, in die Atmosphäre einzutauchen. Ziel dieses Buches ist es, einen Einblick in das jüdische Jahr, die jüdischen Feiertage und Feste zu geben, gepaart mit meinen persönlichen Erlebnissen, beziehungsweise – weil es im Judentum essenziell ist, gut zu essen – Ihnen auch einige meiner Lieblingsrezepte zu den verschiedenen Feiertagen ans Herz zu legen. Vielleicht haben Sie ja einmal Lust, das eine oder andere auszuprobieren? Selbstverständlich darf auch der augenzwinkernde Blick mit Humor nicht fehlen.

Was mir am Judentum wichtig ist, sind die Grundsätze, nach denen eigentlich jeder Mensch leben sollte. Ganz abgesehen von den zehn Geboten, die es in leicht veränderter Form auch im Christentum gibt und die meiner Meinung nach als Richtschnur für ein friedliches Zusammenleben aller Menschen dienen sollten, sind es im Judentum Gerechtigkeit und Wohltätigkeit, die geübt werden sollen, sowie das Einstehen füreinander.

Das Judentum sagt uns nicht, was wir tun müssen, sondern was wir tun *sollen*. Wir haben den freien Willen, uns zu entscheiden, denn wir haben die Fähigkeit zum Guten wie zum Bösen mit auf den Weg bekommen. Wir sind für all unsere Taten selbst verantwortlich und können mit jeder Entscheidung zu einer besseren Welt beitragen. Die Bibel gibt uns dafür die Richtlinien und unsere Rabbiner sorgen für die diversesten Auslegungen. Hier ist auch anzumerken, dass das Judentum sehr pluralistisch ist und sich aus vielen verschiedenen Traditionen und Strömungen zusammensetzt, die ein spannendes und vielseitiges Mosaik ergeben.

Im sechsten Jahrhundert v. d. Z. wurden die beiden Reiche Juda und Israel zerstört, es entstanden große jüdische Gemeinden in Ägypten und in Babylonien, und es gab bereits erste Wanderungen nach Südeuropa. Im ersten und zweiten Jahrhundert n. d. Z. erweiterte sich die Zerstreuung der Jüdinnen und Juden auf viele Länder, auch auf den Spuren der römischen Armee. Später bildeten sich jüdische Zentren in Spanien heraus. Die dortigen Gemeinden wurden als *Sefardim* bezeichnet. In Deutschland siedelten sich Jüdinnen und Juden vor allem in Worms, Speyer und Mainz an. Sie wurden nach der Bezeichnung für Deutschland *Ashkenasim* genannt. Während die Sefardim 1492 aus Spanien vertrieben wurden und sich daraufhin im Osmanischen Reich, in Griechenland oder Nordafrika neu ansiedelten, verbreiteten sich die ashkenasischen Gemeinden in Richtung Osten bis nach Russland. Durch die meist unfreiwilligen Migrationen über die Jahrhunderte und die dadurch erfolgte Anbindung an lokale Bräuche entwickelten sich hier verschiedene Gewohnheiten und Rituale (*Minhagim*), die sich zum Teil in unterschiedlichen Melodien für die Lieder zu Shabbat und den Feiertagen oder

Entzünden der Shabbatkerzen in Miami Beach: Vor Sonnenuntergang zünden die Frauen im Haus die Kerzen an.

in den Rezepten manifestieren, die je nach Gemeinde anders zubereitet werden. So schmeckt der Gefilte Fisch nach polnischer Tradition bis heute eher süß, in Ungarn wiederum wird und wurde er mit Paprika zubereitet. In unserer Familie zum Beispiel hat sich der polnisch-tschechisch inspirierte Hintergrund unserer Vorfahren (die aus Krakau, Lemberg und Goltsch-Jenikau stammten) erhalten, das heißt, die Speisen, die ich hier vorstelle, kommen fast alle aus dieser Tradition, die wir aber an die heutigen Essgewohnheiten anpassen.

Während ich an diesem Buch arbeite, steckt die Menschheit gerade in der x-ten Welle der Covid-Pandemie. Die zahlreichen Einschränkungen des öffentlichen, aber auch des privaten Lebens durch die immer wieder verhängten Lockdowns hatten und haben bedauerlicherweise einen großen Einfluss auf das religiöse Leben, auf die Abhaltung der Gottesdienste und die traditionellerweise danach

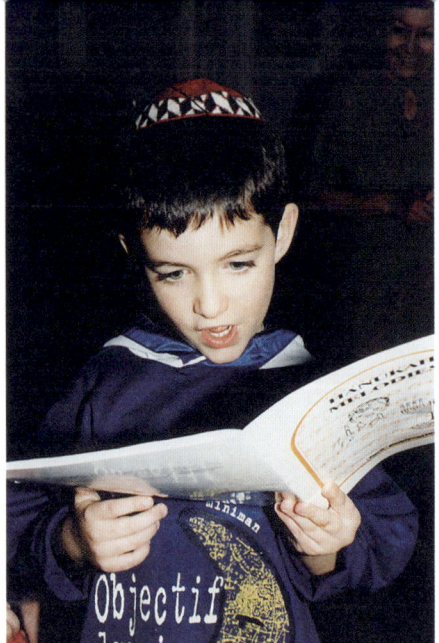

Früh übt sich: Samuel Engelberg beim Lesen von Chanukka-Liedern

stattfindenden gemeinsamen Essen, besonders die großen Familienfeste. Das gemeinsame Essen erfährt im Judentum einen speziellen Stellenwert und verstärkt das Gefühl der Zusammengehörigkeit in der Familie.

Trotz der Covid-Beschränkungen versuchte man, das Beste aus der Situation zu machen. So verlagerten unsere Rabbiner ihre *Shiurim* (Lehreinheiten) in den virtuellen Raum. An vielen jüdischen Feiertagen ist es verboten, elektronische Geräte zu verwenden, daher gab es in diesen Fällen die Möglichkeit, Ansprachen zu den verschiedenen Festen zeitversetzt vor oder nach der aktuellen Zeit virtuell mitzuerleben. Und auch Rabbiner, die sonst das Internet verbieten, boten plötzlich ihre Services online an.

Für viele Gebete im Judentum braucht man ein sogenanntes *Minjan*, eine Gruppe von zehn erwachsenen Juden (das orthodoxe Judentum sieht hier ausschließlich Männer vor, in den Reformgemeinden werden auch Frauen dazugezählt). Das Judentum ist also eine Religion, die auf Gemeinschaft aufgebaut ist, und Humor ist hier immer ein guter Weg, um sich in einer schwierigen Situation gegenseitig abzulenken und zu motivieren. So entstand innerhalb von kürzester Zeit eine Fülle an Covid-Witzen, wobei dieser mein Lieblingswitz ist:

> Ein Mann fragt den Rabbiner, was man Leuten zu essen geben soll, die Corona haben. Der Rabbiner antwortet: »Matza natürlich!« (*Matza* = das dünne, ungesäuerte Brot, das zu Pessach gegessen wird). Der Mann wundert sich: »Und das hilft?« Darauf der Rabbiner: »Nein, aber das lässt sich gut unter der Tür durchschieben …«

Kippot zur Bat Mitzwa von Deborah Engelberg

Le Chaim!

Zur Einstimmung

Oberrabbiner Paul Chaim Eisenberg

Apropos Rabbiner: Viele Informationen, die ich Ihnen in diesem Buch weitergeben darf, habe ich in den unzähligen Unterrichtsstunden bei Oberrabbiner Paul Chaim Eisenberg erhalten, die ich bis zum Ausbruch der Pandemie wöchentlich besuchen durfte. Er ist eine Quelle unerschöpflicher Anekdoten und Geschichten. Sein Nachfolger Yaron Engelmayer bietet jeden Freitag anregende Gedanken zum Wochenabschnitt der Tora auf seinem Youtube-Kanal an. Auch dafür bin ich dankbar. Auch Botschafter Mordechai Rodgold hat mir wertvolle Tipps gegeben.

Aus der Einhaltung der Tradition schöpfe ich jedenfalls viel Kraft, auch wenn die Vorbereitung eines jeden jüdischen Feiertages eine gewisse Anstrengung erfordert. Doch wenn die ganze Familie und Freunde am feierlich gedeckten Tisch beisammen sind und den Abend genießen, ist das mehr als eine Belohnung.

In diesem Sinne bedanke ich mich bei Katarzyna Lutecka für die Idee zu diesem Buch und dem gesamten Team des Amalthea Verlags für die Unterstützung. Danken möchte ich den Fotografen, die mir ihre Bilder zur Verfügung gestellt haben: Harry Weber (1921–2007), Ouriel Morgenstern, Josef Polleross, Peter Rigaud, Svetlana und André Wanne, meiner

Le Chaim!

Familie Engelberg-Spera beim Frühstück

lieben Freundin Gabriele Seethaler. Dankbar bin ich für die Karikaturen von Ben Gershon.

Mein besonderer Dank gilt auch Theresa Absolon – ohne sie wäre dieses Buch vermutlich viel später erschienen – und Manuel Butschek. Meinem Mann bin ich zuallererst dankbar für unser herrliches gemeinsames Leben und für die wunderbaren Feiertage, die wir gemeinsam verbringen. Durch seine außergewöhnlich umfangreiche Kenntnis über die jüdische Religion (er begann mit drei Jahren zu lernen) wird jeder Feiertag, besonders der wöchentliche Shabbat, zu einem außerordentlichen Ereignis, bei dem er sein Wissen über die religiöse Weisheit mit aktuellen Begebenheiten verknüpft. Ihm und unseren Kindern sowie meiner Schwägerin Liliane Kipperman und ihrer Familie, wie auch Dorothea und Deni Gros danke ich für ihre Ideen. Meinem Mann und den Kindern danke ich vor allem für ihre Geduld, wenn ich mich immer wieder zurückziehen musste, um an diesem Buch zu arbeiten. Auch von meiner früh verstorbenen Schwägerin Marlene Eltes stammen einige meiner Lieblingsrezepte, sowie von meiner Schwiegermutter Dr. Dorothea Engelberg (1925–1980), der langjährigen Präsidentin der WIZO-Österreich (einer internationalen zionistischen Frauen-

Samuel Engelberg und seine Omi Edith Spera

Danielle Spera und ihr Verwandter Wolf Erich Eckstein vor der Synagoge in Goltsch-Jenikau

organisation). Und von meiner unvergesslichen Mutter Edith Spera (1935–2019) stammt das beste Rezept für Latkes (Kartoffelpuffer) aller Zeiten (behaupten jedenfalls meine Kinder).

Von meinen Eltern habe ich viele Lebensweisheiten mitbekommen. Mein Vater Dr. Kurt Spera (1928–2019), den ich hier auch nicht unerwähnt lassen möchte, hat mich gelehrt, auf jede Veränderung in meinem Leben mit Gelassenheit und Flexibilität zu reagieren.

»Der Mensch tracht und Gott lacht.« Dieser Ausspruch kommt in den Psalmen der Tora mehrmals vor. Die Pläne, die wir machen, quittiert der »Oberste« (jiddisch: Ojberschter in Himl) mit Lachen, denn in Wirklichkeit macht er die Pläne für uns. In diesem Sinn habe ich auch mein Lebensmotto gewählt, es stammt von Rabbi Nachman von Breslaw (1772–1810): *»Kol haolam kulo gesher tzar meod, we ha'ikar lo lefached klal.«** – frei übersetzt: **Das Leben ist eine schmale Brücke und das Wichtigste ist, keine Angst zu haben.** Furchtlos durch das Leben zu gehen und alles, was uns entgegenkommt mit einem positiven Engagement zu meistern, das habe ich auch meinen Kindern mitgegeben. In diesem Sinn hoffe ich, dass ich Ihnen mit diesem Buch neue Perspektiven und interessante Einblicke ermöglichen und Ihnen vor allem auch die Freude an der jüdischen Tradition und Kultur vermitteln kann.

* Nachman von Breslaw: Likutei Moharan, Teil 2, 48, 2.

Le Chaim!

Der jüdische Kalender – einfach kompliziert

Wer glaubt, dass die Vorbereitungen für das wichtige christliche Weihnachtsfest stressig sein können, der weiß nicht, welche Herausforderung das jüdische Jahr darstellt. Denn der jüdische Jahreskreis ist durch zahlreiche Feiertage gekennzeichnet, die unterschiedliche und oft auch nicht unaufwendige Vorbereitungen benötigen. Dafür wird man dann mit angenehmen, besinnlichen, vereinenden Momenten im Familienkreis belohnt.

Einige dieser Feiertage sind bereits in der Bibel vorgegeben. Im dritten Buch Mose heißt es: »Sage den Israeliten und sprich zu ihnen: Dies sind die Feste des Herrn, die ihr ausrufen sollt als heilige Versammlungen; dies sind meine Feste« (3. Buch Mose 23, 2). Nachfolgend sind die Feste aufgelistet, sowie der wöchentliche **Ruhetag**, der *Shabbat*, der auch in den zehn Geboten genannt wird: die **Hohen Feiertage** *Rosh haShana* (Neujahr) und *Jom Kippur* (Versöhnungs- und Fasttag), sowie die **Wallfahrtsfeste** *Pessach*, *Sukkot* und *Shawuot*, drei Erntefeste, an denen die Jüdinnen und Juden nach Jerusalem pilgerten, um Erntegaben als Opfer darzubringen. Für diese in der Bibel genannten Feste gilt ein strenges Arbeitsverbot. An den sogenannten **rabbinischen Feiertagen** *Chanukka* und *Purim*, die erst später eingeführt wurden, darf gearbeitet werden, ebenso an den neueren rabbinischen Feiertagen, zum Beispiel dem israelischen **Unabhängigkeitstag** *Jom haAtzma'ut*. Heute gibt es zusätzliche **Trauertage** wie den *Jom haShoa*, der dem Gedenken an die Opfer des Holocaust gewidmet ist, und den *Jom haSikaron*, dem Gedenktag an die gefallenen israelischen Soldaten und die Opfer von Terroranschlägen. Diese Feste sind im jüdischen Kalender festgehalten – ein Kalender, der viele Besonderheiten und Unterschiede zum in Österreich gebräuchlichen gregorianischen Kalender beinhaltet. So leben Jüdinnen und Juden bereits im sechsten Jahrtausend und manche Jahre haben nicht zwölf, sondern 13 Monate.

Den jüdischen Kalender, verschiedene jüdische Jahre und die Aufteilung der Monate könnte man also frei nach Thomas Bernhard als »einfach kompliziert«* beschreiben. Der Kalender, auf Hebräisch *Luach* genannt, setzt sich aus verschiedenen Elementen zusammen, doch die Feiertage mussten ja bereits eingehalten werden, bevor es einen Kalender gab. Der **Beginn eines Monats** wurde in der Zeit, in der die Jüdinnen und Juden im sechsten Jahrhundert v. d. Z. im babylonischen Exil lebten, mit dem ersten **Sichtbarwerden der Mondsichel nach Neumond** festgelegt. Dazu wurden in Jerusalem Zeugen ausgeschickt, die auf Bergen oder Hügeln den Mond beobachteten. Sobald das erste Zeichen der Sichel des neuen Mondes sichtbar war, entzündeten die Zeugen weithin erkennbare Lagerfeuer. Manchmal sorgten Störfeuer für Verwirrung, weshalb zusätzlich auch Boten ausgesendet wurden. Durch die Diaspora, die Zerstreuung der Jüdinnen und Juden auf verschiedene Länder, kamen diese Boten oft nicht rechtzeitig an. Daher entstand die Idee, die Feiertage außerhalb Israels auf zwei Tage auszudehnen, um sicherzugehen, dass man den richtigen Tag erwischt hat. Ein Feiertag wurde allerdings auch in Israel auf zwei Tage erweitert: das jüdische Neujahrsfest, Rosh haShana, da Rosh haShana am ersten Tag des Monats Tishrei stattfindet und daher zu biblischen Zeiten nicht ganz sicher war, welcher Tag es ist. Als die Beobachtung des Mondes und die Verbreitung der Kunde über die erste Sichtung zu aufwendig und kompliziert wurde, wurden im vierten Jahrhundert von Patriarch Hillel II.** zeitliche Regeln festgelegt, die überall dort gelten sollten, wo Jüdinnen und Juden lebten.

Der jüdische Kalender richtet sich allerdings nicht nur nach dem Mond, sondern auch nach der **Sonne**. Zunächst ist die Umkreisung des Mondes um die Erde für den Kalender entscheidend. Ein Monat dauert 29 oder 30 Tage. Das würde aber für das jüdische Jahr bedeuten, dass es nur 354 Tage zählt, daher bezieht sich der Kalender auch auf die Sonne: Die Erde umkreist die Sonne innerhalb von 365 Tagen. Um die Differenz von elf Tagen auszugleichen, werden im jüdischen Jahreskreis **Schaltmonate** eingesetzt. In einem Zyklus

---

* Thomas Bernhard: Einfach kompliziert, Frankfurt a. M. 1986.

** Patriarch Hillel II. schuf vermutlich 359 den jüdischen Kalender.

Omer-Kalender: Zwischen Pessach und Shawuot liegen 49 Tage, in denen Omer (Garben) gezählt werden.

von 19 Jahren wird sieben Mal ein dreißigtägiger Schaltmonat eingefügt.

Für den ersten Tag des neuen Monats (*Rosh Chodesh* = Kopf des Monats) gilt die Sichtbarkeit der Mondsichel nach dem Neumond. Der neu aufsteigende Mond wurde bereits in frühester Zeit gefeiert und festlich begrüßt. Bis heute wird der Rosh Chodesh am Shabbat in der Synagoge angekündigt, und es wird für einen gesegneten Monat gebetet. Rosh Chodesh ist ein feierlicher Tag, an dem aber gearbeitet werden darf. Frauen wurden schon in früher Zeit an diesem Tag von der Arbeit befreit, in Erinnerung daran, dass sie sich in biblischer Zeit nicht am Tanz um das Goldene Kalb beteiligt hatten. Heute ist dieser Tag ein »weiblicher Festtag«. Frauen versammeln sich zum gemeinsamen Gebet, Gesang und spirituellem Beisammensein. Der weibliche Zyklus wird hier genau wie der Mondzyklus als Symbol der Erneuerung betrachtet. Es ist ein Tag der Freude, aber auch der Einkehr und Besinnung auf den immerwährenden Zyklus des Lebens und Sterbens.

Einen wichtigen zusätzlichen Aspekt gibt es noch im Kreislauf der Jahre: Alle sieben Jahre wird ein **Ruhejahr** für die Landwirtschaft eingeschoben, das sogenannte *Shmitta-Jahr* (heute gilt es als Vorbild für das Sabbatical, also ein Jahr Auszeit aus dem Beruf). Nach sechs Jahren Bewirtschaftung wird das Land nicht bestellt, denn es heißt in der Tora, den Fünf Büchern Mose des Alten Testaments: »**Sechs Jahre kannst du in deinem Land säen und die Ernte einbringen; im siebten sollst du es brachliegen lassen und nicht bestellen.**« (2. Buch Mose 23, 10–11). Das Shmitta-Jahr ist sozusagen wie ein Shabbat für das ganze Jahr. Es soll uns auch daran erinnern, dass wir die Erde nicht ausbeuten dürfen, um nicht alle Ressourcen zu verschwenden. Also eigentlich eine frühe Mahnung für den Umweltschutz.

Daran, dass wir auch die Arbeitskraft der Menschen nicht ausbeuten dürfen, erinnert das sogenannte **Jobeljahr** oder auch Jubeljahr. Dieses findet nach siebenmal sieben Shmitta-Jahren statt und ist auch ein Gebot der Tora: »**Und ihr sollt das Jahr des fünfzigsten Jahres heiligen und im Lande Freiheit ausrufen für all seine Bewohner. Ein Jubeljahr soll es euch sein, und ihr werdet ein jeder wieder zu seinem Eigentum kommen und ein jeder zurückkehren zu seinem Geschlecht.**« (3. Buch Mose 25, 10). Es beginnt zu Jom Kippur. Alle 50 Jahre wurde im biblischen Judentum ein Schuldenerlass gewährt und die Sklaven mussten freigelassen werden. Später übernahm die Kirche dies als Idee für Ablassjahre, in denen Sünden aufgehoben wurden. Heute gilt in der katholischen Kirche jedes 25. Jahr als Heiliges Jahr.

Die **Zeitrechnung** des jüdischen Kalenders beginnt mit dem Zeitpunkt der Schöpfung, der auf das Jahr 3761 v. d. Z. festgelegt wurde. Daher befinden wir uns bereits im sechsten Jahrtausend.

Wann beginnt eigentlich das **jüdische Jahr**? Auch hier gibt es keine einfache Antwort. Die Erschaffung der Welt, vor allem die Schöpfung des Menschen, die im *Tishrei* (September/Oktober) stattgefunden haben soll, gilt als

Anfang des neuen Jahres. Zu diesem Zeitpunkt wird auch Rosh haShana gefeiert, das Neujahrsfest – wörtlich übersetzt »Kopf des Jahres«. Gleichzeitig nennt die Bibel *Nissan* (März/April) als ersten Monat. Hier erinnern wir an den Auszug aus Ägypten und die Befreiung aus der Sklaverei und feiern das wichtige Fest Pessach, ein Freuden- und Familienfest.

Die Namen der **Monate** stammen aus der Zeit des babylonischen Exils (597–539 v. d. Z.) und sind aramäisch:

Tishrei	September/Oktober	30 Tage
Cheshwan	Oktober/November	29 bzw. 30 Tage
Kislew	November/Dezember	30 bzw. 29 Tage
Tewet	Dezember/Januar	29 Tage
Shwat	Januar/Februar	30 Tage
Adar	Februar/März	29 Tage; im Schaltjahr wird hier ein zweiter Adar eingefügt
Nissan	März/April	30 Tage
Ijar	April/Mai	29 Tage
Siwan	Mai/Juni	30 Tage
Tammus	Juni/Juli	29 Tage
Aw	Juli/August	30 Tage
Elul	August/September	29 Tage

Diese Monate bilden den **jüdischen Kalender**, der für die Gemeinden in aller Welt Gültigkeit hat, was vor allem für die Einhaltung der Feiertage wichtig ist. In Israel wird der jüdische Kalender seit der Staatsgründung 1948 eingesetzt; seit 2018 ist er der offizielle Staatskalender Israels. Viele Israelis verwenden neben dem jüdischen Kalender auch den international gültigen gregorianischen Kalender, vor allem im Tourismus.

Zu den **Feiertagen** ist prinzipiell anzumerken, dass sie immer am Vorabend beginnen. Das bedeutet, die Tage beginnen nicht um Mitternacht, beziehungsweise null Uhr, sondern jeweils mit Sonnenuntergang. Dies hat seinen

Der jüdische Kalender – einfach kompliziert

Ursprung in der Schöpfungsgeschichte, wo es heißt: »**Es wurde Abend und es wurde Morgen: erster Tag.**« (1. Buch Mose 1, 5). Der Beginn des Feiertags wird mit dem Zusatz *Erew* (Abend) bezeichnet. Der Beginn der Feiertage, auch und vor allem des wöchentlichen Feiertags, des Shabbat, ist strikt einzuhalten. In der christlichen Tradition hat sich das übrigens auch beim Weihnachtsfest noch erhalten: Der Heilige Abend wird am Vorabend des Weihnachtstags begangen. Heute findet man die Beginnzeiten des Shabbat oder der Feiertage für den jeweiligen Ort, an dem man sich aufhält oder wohnt, ganz einfach online.

Der Shabbat ist der wichtigste Tag der Woche, der wöchentliche Feiertag, an dem Arbeit oder auch das Anzünden von Feuer sowie das Einschalten von elektrischen/elektronischen Geräten verboten ist. Er ist der letzte Tag der Woche und der einzige, der einen Namen trägt, alle anderen Tage sind durchnummeriert. So ist der sonst übliche Sonntag der erste Tag der Woche (*Jom Rishon* = erster Tag), Montag ist der zweite Tag (*Jom Sheni* = zweiter Tag), Dienstag der dritte (*Jom Shlishi* = dritter Tag) und so weiter:

Jom Rishon	Wörtl.: 1. Tag	=	Sonntag
Jom Sheni	Wörtl.: 2. Tag	=	Montag
Jom Shlishi	Wörtl.: 3. Tag	=	Dienstag
Jom Rewi'i	Wörtl.: 4. Tag	=	Mittwoch
Jom Chamishi	Wörtl.: 5. Tag	=	Donnerstag
Jom Shishi	Wörtl.: 6. Tag	=	Freitag
Jom haShabbat	Wörtl.: Ruhetag	=	Samstag

Der Dienstag gilt übrigens als besonderer Glückstag, da es in der Schöpfungsgeschichte zweimal heißt: »**Gott sah, dass es gut war!**« (1. Buch Mose 1, 10–12). Daher muss dieser Tag ja etwas Besonderes sein.

Mein Mann und ich haben uns deshalb einen Dienstag als den Tag unserer Hochzeit ausgesucht. Bis heute hat sich das in unserer Ehe auch als glückbringend bewahrheitet.

Der jüdische Kalender im Überblick

Der jüdische Kalender – einfach kompliziert

Das hebräische Alphabet (Alef Bet) mit Zahlenwerten

Buchstabe		Aussprache	Name	Zahlenwert
א			Alef	1
ב		b/w	Bet	2
ג		g	Gimel	3
ד		d	Dalet	4
ה		h	Hej	5
ו		w	Waw	6
ז		s	Sajin	7
ח		ch	Chet	8
ט		t	Tet	9
י		j	Jod	10
כ	ך	k/ch	Kaf	20
ל		l	Lamed	30
מ	ם	m	Mem	40
נ	ן	n	Nun	50
ס		s	Samech	60
ע			Ajin	70
פ	ף	p/f	Pe	80
צ	ץ	tz	Tzade	90
ק		k	Kuf	100
ר		r	Resh	200
ש		s, sh	Sin, Shin	300
ת		t	Taw	400

Le Chaim!

Der jüdische Kalender – einfach kompliziert

Vor dem Essen, nach dem Essen

Das rituelle Händewaschen

Dem Waschen der Hände und den Hygieneregeln möchte ich ein eigenes Kapitel widmen. Nicht nur, weil wir gerade in einer Pandemie leben und sich glücklicherweise endlich mehr Menschen die Hände waschen als je zuvor. Im Judentum spielt das Händewaschen von jeher eine große Rolle, zunächst nicht unbedingt aus hygienischen, sondern aus rituellen Gründen: Vor dem Gottesdienst, dem Gebet oder den Segnungen sollen die Hände gesäubert werden, aber auch vor und nach dem Essen. Das Waschen der Hände sowie auch die rituelle Reinigung des Körpers und damit der Seele sind in der Tora beschrieben.

Im zweiten Buch Mose heißt es: »Lass ein Wasserbecken aus Bronze anfertigen und auf einem bronzenen Untersatz zwischen dem Heiligen Zelt und dem Brandopferaltar aufstellen. Fülle es mit Wasser, damit Aaron und seine Söhne sich die Hände und Füße waschen können, wenn sie ins Heilige Zelt gehen oder an den Altar treten, um ein Opfer darauf zu verbrennen. Wenn sie das unterlassen, müssen sie sterben. Diese Anweisung gilt auch für ihre Nachkommen in aller Zukunft.« (2. Buch Mose 30, 18–21). Das bedeutet, dass dieses Gebot auch für uns heute gilt.

Und im 3. Buch Mose 15 ist genau festgelegt, wie und wann man sich zu reinigen hat. Hier ist das Tauchbad, die *Mikwe*, von Bedeutung, in dem der bereits gereinigte Körper durch Untertauchen in einem dafür vorgesehenen

Mikwe in Wien

Bad auch rituell gereinigt wird. Dies alles war zu Zeiten des Tempels in Jerusalem wichtig, da Reinheit für den Tempeldienst als höchste Notwendigkeit angesehen wurde. Vom Reinigen der Füße, wie oben beschrieben, ist man abgekommen, seitdem der Tempel zerstört wurde. Die Fußwaschung war dort explizit verlangt – vermutlich auch, weil man meist barfuß unterwegs war.

Das Waschen der Hände ist weiterhin eine Pflicht, denn der Tisch gleicht dem Altar. Der hebräische Begriff für das Händewaschen vor dem Essen lautet »*Al Netilat Jadajim*« (frei übersetzt »das Gefäß zu nehmen, um das Wasser über die Hände zu gießen«). Das hebräische Wort *Netila* stammt laut dem früheren israelischen Oberrabbiner und heutigem Oberrabbiner von Tel Aviv, Israel Meir Lau (den ich glücklicherweise bereits öfter treffen und auch interviewen durfte) aus dem Aramäischen und heißt so viel wie »Gefäß«.* Man verwendet für das rituelle Händewaschen auch ein spezielles Gefäß, einen Becher mit zwei Henkeln, und nur ganz reines, natürliches Wasser. Das Wasser wird aus

Mikwe in Wien

diesem Becher mindestens zweimal über die rechte und danach mindestens zweimal über die linke Hand gegossen. Die ungewaschene Hand darf das Wasser im Becher nicht berühren und auch die beiden Henkel haben den Sinn, dass die ungewaschene Hand die gewaschene nicht berührt. Beim Abtrocknen wird ein Segensspruch gesprochen, mit dem man sich bedankt, dass Gott uns befohlen hat, die Hände zu waschen. Nach dem Händewaschen schreitet man so rasch wie möglich zum Tisch und wartet schweigend ab, bis der Segen über das Brot gesprochen wird und man einen Bissen davon essen darf. Dieses Schweigen hat den Sinn, dass man sich zwischen Händewaschen und Essen darauf

---

* Israel M. Lau: Wie Juden leben. Glaube – Alltag – Feste, Gütersloh 2017, S. 7.

konzentriert, nicht noch etwas Unreines anzugreifen, bevor man isst, beziehungsweise die Aufmerksamkeit ganz auf die Segnung des Brotes richtet.

Nach dem Essen, bevor das Tischgebet (*Birkat haMason* = Segen über die Lebensmittel) beginnt, wäscht man sich die Finger mit einem kleinen Krug und einer Schale direkt auf dem Tisch, da man früher das Essen ohne Besteck mit den Fingern aß. Dies wird als *Majim Acharonim* (Wasser danach) bezeichnet.

Das Händewaschen ist auch Vorschrift direkt nach dem Aufstehen in der Früh, beziehungsweise auch nach jedem Schlaf, der länger als zwanzig Minuten dauert, da es heißt, dass im Schlaf die Seele den Körper verlässt und beim Aufwachen wieder zurückkehrt. Dann wollen wir unsere Reinheit wiederherstellen.

Nach einem Begräbnis, einem Besuch des Friedhofs oder dem Kontakt mit einem Toten wäscht man sich ebenfalls die Hände, jedoch ohne einen Segensspruch.

Station für Netilat Jadajim bei einer Bar Mitzwa

Vor dem Essen, nach dem Essen

Auf dem jüdischen Friedhof in Wien (viertes Tor am Zentralfriedhof) gibt es beim Ausgang zwei dementsprechende Waschgelegenheiten mit den vorgesehenen Bechern mit zwei Henkeln. Auch das Waschen nach dem Besuch der Toilette und dem Berühren privater Teile des Körpers (so nennen es meine Kinder) legen die Rabbiner nahe. Allerdings sollte das rituelle Waschen der Hände nicht auf einer Toilette stattfinden. Viele jüdische Haushalte verfügen deshalb über ein eigenes Waschbecken für das rituelle Waschen der Hände. Sehr oft, wenn wir zum Shabbat oder an Feiertagen viele Gäste bewirten, wünsche ich mir auch ein eigenes Netilat-Jadaim-Waschbecken, da sich in meiner Küche dann die Gäste stauen, um sich dort die Hände zu waschen.

Zur Zeit der großen Seuchen, der Pest und der Cholera, wurden Jüdinnen und Juden als Brunnenvergifter verleumdet, die diese Krankheiten verursacht hätten. Jüdinnen und Juden waren durch ihre strengen Vorschriften des Händewaschens meist später von Epidemien betroffen als die sonstige Bevölkerung, die weit weniger hygienisch lebte. Diese Tatsache heizte noch zusätzlich die anti-

Station für Netilat Jadajim in einer Wiener Mikwe

semitischen Stereotype an. Gleichzeitig waren jüdische Ärzte bei den Herrschern sehr gefragt und oft wurden sie zu ihren Leibärzten.

Heute ist bekannt, dass Händewaschen die wirkungsvollste Methode ist, um sich gegen Krankheiten zu schützen. Jedes Kind hört immer wieder: »Vor dem Essen, nach dem Essen: Hände waschen nicht vergessen!«

In diesem Zusammenhang muss wieder an das Gebot erinnert werden, sich gesund zu halten und seinen Körper vor Krankheiten zu schützen, sowie die spirituelle Unversehrtheit durch körperliche Reinigung immer wieder herzustellen. Das Gebot, das Leben immer in den Vordergrund zu stellen, setzt andere Gebote außer Kraft. Auch hier gilt: Le Chaim. Auf das Leben!

Vorraum einer Mikwe in Tel Aviv

Vor dem Essen, nach dem Essen

Shabbat Shalom!

Der wöchentliche Feiertag Shabbat

Der wichtigste Feiertag im Judentum ist für mich der Shabbat, auch deshalb, weil dieser Feiertag jede Woche stattfindet. Es ist der Tag, an dem keine Arbeit verrichtet werden darf. Er erinnert an den siebten Tag der Schöpfung und wird als Tag des Innehaltens, der Einkehr und der Freude begangen. Wir feiern ihn durch Arbeitsruhe, durch ein festliches Abendmahl, durch Gebet, durch Gottesdienst, durch das Anzünden der Shabbatkerzen und durch die Rituale von *Kiddush* (Heiligung) zu Beginn des Shabbat und *Hawdala* (Unterscheidung, Trennung vom Feiertag hin zur profanen Arbeitswoche) zum Shabbat-Ausgang. Der Shabbat ist als Festtag zu betrachten, der mit Gebet beginnt und endet und bei dem die Familie zu einem festlichen Mahl zusammenkommt.

Laut der Schöpfungsgeschichte in der Tora erschuf Gott die Welt innerhalb von sechs Tagen und erklärte den siebten Tag zum Ruhetag: »**Am siebten Tag vollendete Gott das Werk, das er geschaffen hatte, und er ruhte am siebten Tag, nachdem er sein ganzes Werk vollbracht hatte. Und Gott segnete den siebten Tag und erklärte ihn für heilig. Denn an ihm ruhte Gott, nachdem er das ganze Werk der Schöpfung vollendet hatte.**« (1. Buch Mose 2, 2–3).

Nach der anstrengenden Woche soll man sich ausruhen, zu sich finden und neue Kraft schöpfen. In Israel steht das öffentliche Leben still. Wie in Österreich oder Deutschland an einem Sonntag haben die Geschäfte geschlossen. Der Shabbat beginnt wie alle jüdischen Feiertage am Vorabend, also zu Sonnenuntergang am Freitag. Man verzichtet auf jede Art von Betätigung und – worauf heute immer wieder auch hingewiesen wird – auf den Verbrauch von Energie, da es verboten ist, elektrische oder elektronische Geräte einzuschalten oder zu verwenden. Hier gibt es ganz komplexe Schaltsysteme, beziehungsweise in Hotels zum Beispiel auch einen eigenen Shabbatlift, der automatisch in jedem Stockwerk stehen bleibt, damit man keinen Knopf betätigt. Dies geht aus dem Verbot in der Tora hervor: »**Du sollst am Shabbat kein Feuer anzünden, in keiner deiner Wohnstätten.**« (2. Buch Mose 35, 3). Dieses Verbot wurde in heutiger Zeit auf das Autofahren und eben jede Form der Benutzung von Elektrizität umgelegt, da das Schließen eines Stromkreises als Anzünden gilt.

Auch hier gibt es unzählige rabbinische Diskussionen über die exakte Auslegung dieses Verbots, das bei Lebensgefahr aber auf jeden Fall übertreten werden darf. Besonders in der Covid-Pandemie diskutierten die Rabbiner darüber, ob im Fall einer schweren Erkrankung das Telefon angeschaltet bleiben darf oder nicht. Denn der Schutz des Lebens ist im Judentum heilig. Selbstverständlich muss man nach einem Unfall am Shabbat mit einem Rettungsauto fahren, wenn es Lebensgefahr bedeutet. Dieses Gebot heißt auf Hebräisch *Pikuach Nefesh* (ein Leben retten). Diese Aufsicht über die Seele, wie das Gebot auch genannt wird, gilt immer, nicht nur am Shabbat. Die Erhaltung des Lebens setzt die meisten religiösen Vorschriften außer Kraft. Ein Menschenleben erhält höchste Wertschätzung. Im Tal-

Martin Engelberg beim Aaronitischen Segen, dem Segen über die Kinder

mud heißt es: Wer ein Menschenleben rettet, der ist, als ob er die ganze Welt gerettet hätte.*

Man wünscht sich einen friedlichen Shabbat mit den Worten »Shabbat Shalom« oder auch mit der Grußformel auf Jiddisch: »Git Schabbes.« Als einziger Feiertag wird der Shabbat in den zehn Geboten genannt. So lautet das vierte Gebot: »**Gedenke des Shabbattages, dass**

* Babylonischer Talmud, Sanhedrin 37a, 14.

Du ihn heiligst.« (2. Buch Mose 20, 8).

Das Gebot gilt für die ganze Familie und so habe ich auch meine Kinder von klein auf angehalten, bei den Vorbereitungen, die doch recht aufwendig sind, immer mitzuhelfen. Als sie klein waren, ging das noch relativ leicht, später wurde der Enthusiasmus manchmal etwas weniger, doch heute feiern sie, wo immer sie sich aufhalten, in ihrem Freundeskreis jeden Freitagabend in unserer Tradition.

Der Shabbat wird wie eine Königin empfangen, daher bereiten wir uns auch dementsprechend darauf vor. Ganz abgesehen davon, dass das traditionelle Weißbrot (siehe Rezept!) gleich in der Früh gebacken wird, wird die Wohnung geputzt, das schönste Tischtuch, das beste Geschirr und Besteck vorbereitet und der Tisch festlich gedeckt. Die Hausfrau (oder wer auch immer für die Vorbereitungen zuständig ist) wird mit Blumen beschenkt, die dann den Tisch zieren können. Da am Shabbat auch nicht gekocht werden darf, muss das Essen für den Abend und für den folgenden Tag vorbereitet sein. Auch hier gilt es, alle Familienmitglieder liebevoll in die Pflicht zu rufen. Wie es sich für den Empfang einer Königin gebührt, bereitet man auch sich selbst gut vor. Man begegnet ihr gepflegt und in schöner Kleidung.

Dann läuft der Countdown, denn exakt 18 Minuten vor Sonnenuntergang zünden die Frauen im Haus die Shabbatkerzen an. Ein besonders wichtiger Augenblick, da er nicht nur den Beginn des Ruhetages markiert, sondern auch Frieden und Freude im Haus verströmt.

Zwei Kerzen sind vorbereitet: sie stehen für *Sachor we Shamor*, gedenke des Shabbat und hüte ihn. Es kann eigentlich jeder die Kerzen zünden, doch ist es seit dem

Shabbat Shalom!

> **Maimonides** oder auch Moshe ben Maimon (1138–1204) war ein wichtiger jüdischer Rechtsgelehrter, Philosoph und Arzt, der aus Cordoba stammte, dann nach Marokko flüchtete und später in Jerusalem und Alexandria lebte, bis er sich letztendlich in Kairo ansiedelte und dort Vorsteher der jüdischen Gemeinde wurde. Er gilt als bedeutender Gelehrter des Mittelalters. Neben seiner Systematisierung des jüdischen Rechts verfasste er zahlreiche Schriften zu Astronomie, Medizin, Religion und Philosophie.

12. Jahrhundert nach einer Auslegung des jüdischen Gelehrten und Arztes Maimonides Tradition, dass die Frauen dies übernehmen. Sind die Kerzen entzündet, bedeckt man die Augen und spricht den Segensspruch, bei dem man Gott dankt, dass er uns dieses Gebot auferlegt hat. Die Augen werden bedeckt, da man das Anzünden des Feuers, das ja eigentlich verboten ist, nicht sehen soll. Symbolisch wird mit einer Geste das Licht und damit der Shabbatfrieden in der ganzen Wohnung verteilt. An den Segensspruch kann man auch einen persönlichen Dank oder Wunsch anfügen.

Beim anschließenden Besuch in der Synagoge – oder auch zu Hause – wird der Shabbat mit dem Lied *Lecha Dodi* eingeleitet. Hier singt man: »Komm mein Freund, der Braut entgegen, und lass uns den Shabbat begrüßen!« Bei der letzten Strophe dreht man sich zur Türe und verbeugt sich symbolisch vor der Braut Shabbat, die in die Synagoge oder die Wohnung eintritt. Meine Kinder haben beim Singen immer schon ungeduldig auf die Verbeugung gewartet. Zu diesem Lied, das aus dem 16. Jahrhundert stammt und bis heute in Synagogen gesungen wird, gibt es unzählige Vertonungen. Wir sind sehr häufig auch im Ausland zu Shabbatabenden eingeladen, wobei uns das *Lecha Dodi* immer wieder in neuen Melodien begegnet.

Apropos eingeladen: Es ist Brauch, dass man Reisende, die man in der Synagoge trifft, zu sich nach Hause zum Shabbat-Essen einlädt. Dies kommt schon von unserem Stammvater Abraham und seiner Frau Sara. Ihr Zelt war für Gäste immer offen. *Hachnasat Orchim* (Hineinführen der Gäste), das Willkommenheißen der Gäste, wird bereits in der Tora beschrieben, als Abraham in der Hitze des Tages fremde Männer vor seinem Zelt sieht und sie labt (1. Buch

Shabbat Shalom!

Mose, 18). Wenn man unerwartet Gäste von der Synagoge mit nach Hause bringt, kann es manchmal auch zum Stirnrunzeln der Gastgeberin kommen, falls nicht mehr genug Sessel vorhanden sind. Wir bezeichnen unseren Shabbat-Tisch daher als Ziehharmonika, denn wir müssen ihn fast an jedem Freitagabend verbreitern. Als Dank für die viele Arbeit werde ich dann aber auch jedes Mal mit dem Lied *Eshet Chajil* von meinem Mann, der eine wunderschöne Stimme hat, verwöhnt. Auch meine Kinder haben den Brauch, dieses Lied als Dank an die Gastgeberin zu singen, übernommen.

Das *Eshet Chajil* ist das Loblied auf die Frau aus dem Buch der Sprüche (Mishle 31, 10–31), bei dem jede Zeile mit den aufeinanderfolgenden Buchstaben des hebräischen Alphabets beginnt.

Eine tüchtige Frau, wer findet sie?
Sie übertrifft alle Perlen an Wert.
Das Herz ihres Mannes vertraut auf sie
und es fehlt ihm nicht an Gewinn.
Sie tut ihm Gutes und nichts Böses
alle Tage ihres Lebens.
Sie sorgt für Wolle und Flachs
und schafft mit emsigen Händen.
Sie gleicht den Schiffen des Kaufmanns:
Aus der Ferne holt sie ihre Nahrung.
Noch bei Nacht steht sie auf,
um ihrem Haus Speise zu geben
und den Mägden, was ihnen zusteht.
Sie überlegt es und kauft einen Acker,
vom Ertrag ihrer Hände pflanzt sie einen Weinberg.
Sie gürtet ihre Hüften mit Kraft
und macht ihre Arme stark.
Sie spürt den Erfolg ihrer Arbeit,
auch des Nachts erlischt ihre Lampe nicht.
Nach dem Spinnrocken greift ihre Hand,
ihre Finger fassen die Spindel.
Sie öffnet ihre Hand für den Bedürftigen
und reicht ihre Hände dem Armen.
Ihr bangt nicht für ihr Haus vor dem Schnee;
denn ihr ganzes Haus hat wollene Kleider.
Sie hat sich Decken gefertigt,
Leinen und Purpur sind ihr Gewand.
Ihr Mann ist in den Torhallen geachtet,
wenn er zu Rat sitzt mit den Ältesten des Landes.
Sie webt Tücher und verkauft sie,
Gürtel liefert sie dem Händler.
Kraft und Würde sind ihr Gewand,
sie spottet der drohenden Zukunft.

Öffnet sie ihren Mund, dann redet sie klug
und gütige Lehre ist auf ihrer Zunge.
Sie achtet auf das, was vorgeht im Haus,
und isst nicht träge ihr Brot.
Ihre Kinder stehen auf und preisen sie glücklich,
auch ihr Mann erhebt sich und rühmt sie:
Viele Frauen erwiesen sich tüchtig,
doch du übertriffst sie alle.
Trügerisch ist Anmut, vergänglich die Schönheit,
nur eine gottesfürchtige Frau verdient Lob.
Preist sie für den Ertrag ihrer Hände,
ihre Werke soll man am Stadttor loben.

Mein Mann erzählt gern bei der Stelle, »… noch bei Nacht steht sie auf, / um ihrem Haus Speise zu geben …«, wie oft ich zeitig in der Früh für meine Kinder frisches Essen für die Schule gekocht hatte, damit sie ihre Lieblingsspeisen auch während des Schulalltags genießen konnten.

Vor dem Beginn des Abends werden die Kinder nach dem Aaronitischen Segen gesegnet, dies übernimmt mein Mann. In manchen Familien segnen beide Elternteile die Kinder: »**Der Ewige behüte und segne Dich, er lasse dein Angesicht leuchten und sei dir gnädig**« (4. Buch Mose 6, 24–26). Hier entsteht ein wunderbares Gefühl der innigen Zusammengehörigkeit in unserer Familie. Auch wenn unsere Kinder heute bereits erwachsen sind, praktizieren wir dieses Zeremoniell noch immer.

Das Essen nimmt am Shabbatabend einen besonderen Stellenwert ein. Für mich ist das auch immer eine Herausforderung, da ich kein Fleisch esse. Milchig oder fleischig ist jedenfalls immer die Frage. Die kosheren Speisegesetze, die in der Tora, dem Alten Testament, festgeschrieben sind, sehen vor, welche Tiere als kosher (tauglich) gelten, sie verbieten den Verzehr von Blut und das Mischen von Fleisch und

> **Aaronitischer Segen**: Gott sagte zu Moses, dass seinem Bruder Aaron, dessen Söhnen und allen Priestern und deren Ahnen der Segen für das ganze Volk aufgetragen werde. Im Judentum erhält der Vater diese Aufgabe des Segnens über die Kinder am Shabbat, im Christentum hat sich daraus der Schlusssegen im Gottesdienst entwickelt.

Shabbat Shalom!

Milch. Da man am Shabbat nicht kochen darf, werden Speisen vorbereitet, die vor Shabbatbeginn fertiggestellt und dann mittels spezieller Platten warmgehalten werden. Hier sind besonders Kugel oder Kigel, beziehungsweise Tscholent zu nennen (siehe Rezepte).

Der Tscholent oder Sholet/Schalet ist die typische Speise für Shabbat, für die es viele verschiedene Rezepte gibt, über deren Zutaten oft heftig diskutiert wird. Dieses Eintopfgericht kam möglicherweise aus Spanien über Frankreich nach Europa. Es wird vermutet, dass der Begriff von den französischen Worten »chaud« und »lent« kommt, also heiß und langsam, da der Tscholent langsam dahinköchelt. Er wird am Freitag zugestellt, aber erst Samstag zu Mittag gegessen. Manche behaupten, der Begriff kommt von »Schul« (jiddisch: Synagoge) und »End'«, also nach dem Ende des Gottesdienstes. Dann isst man den Tscholent, ein Gericht, das definitiv die Geister scheidet. Entweder man ist leidenschaftlicher Anhänger dieser Speise, oder man verachtet sie wegen ihrer bei manchen Menschen auftretenden blähenden Wirkung. Der große deutsche Dichter Heinrich Heine (1797–1856) jedenfalls scheint ein Fan dieses nicht gerade leicht verdaulichen Bohneneintopfs gewesen zu sein. Er schreibt in seinem Gedicht *Prinzessin Sabbat* folgendes:

Sie erlaubt dem Liebsten alles,
Ausgenommen Tabakrauchen
»Liebster! Rauchen ist verboten,
Weil es heute Sabbat ist.

Dafür aber heute Mittag
Soll dir dampfen, zum Ersatz,
Ein Gericht, das wahrhaft göttlich –
Heute sollst du Schalet essen!«

Schalet, schöner Götterfunken,
Tochter aus Elysium!
Also klänge Schillers Hochlied,
Hätt er Schalet je gekostet.

Schalet ist die Himmelspeise,
Die der liebe Herrgott selber
Einst den Moses kochen lehrte
Auf dem Berge Sinai,

Wo der Allerhöchste gleichfalls
All die guten Glaubenslehren
Und die heil'gen Zehn Gebote
Wetterleuchtend offenbarte.

Schalet ist des wahren Gottes
Koscheres Ambrosia,
Wonnebrot des Paradieses,
Und mit solcher Kost verglichen.*

---

* Heinrich Heine: Prinzessin Sabbat, in: Romanzero III, Hamburg 1851.

»Kiddushbrunnen«

Die kosheren Gesetze in all ihren Details sind so aufwendig, dass sich damit zahlreiche Bücher füllen lassen könnten. Ganz abgesehen davon, dass alle Lebensmittel auf ihre Reinheit kontrolliert werden sollen (zum Beispiel, damit sich im Gemüse keine Insekten verstecken et cetera), muss auch bei Medikamenten geklärt sein, woher die Gelatine für die Hüllen der Kapseln stammt. Koschere Produkte benötigen einen *Hechsher*, einen sogenannten Koscher-Stempel von einem ausgewiesenen Rabbinat. Koscher bedeutet auch Reinheit in einem weiteren Sinn und gilt für viele andere Bereiche außerhalb von Lebensmitteln (mehr dazu im Kapitel über die Speisegesetze, S. 177).

Auch dem Wein kommt besondere Bedeutung zu. Er muss koscher sein und wird zu Shabbat vor dem Genuss gesegnet. Die Produktion von koscherem Wein muss von einem eigens dafür beauftragen, ausgebildeten, strenggläubigen Juden überwacht werden und darf nicht von Nichtjuden ausgeschenkt werden. Der Grund dafür lag darin, dass es früher Befürchtungen gab, der Wein könnte für »heidnische Zwecke«, also zum Götzendienst verwendet werden. Später ist man dazu übergegangen, Wein zu pasteurisieren, damit er auch von nichtjüdischen Kellnerinnen oder Kellnern ausgeschenkt werden kann. Dies gilt es besonders zu beachten, da der Wein nicht nur zu Shabbat, sondern auch zu jedem anderen Anlass für Segenssprüche verwendet wird. (Unmäßiger) Alkoholkonsum gilt aber als verpönt, außer an manchen Festen, wie zum Beispiel Purim, denn vom Wein kann man bei übermäßigem Genuss berauscht werden – hier zeigt uns die Tora drastische Beispiele, die oft zu Unglück führen, zum Beispiel im Fall von Noah oder Lot. Wenn wir aber beim Essen zusammensitzen und unsere Gläser erheben, dann gilt der Spruch »Le Chaim« dem gesunden Leben, in dem wir den Wein in Maßen genießen.

Shabbat Shalom!

Nach dem Segen über Wein und Brot steht das Genießen des Abends im Vordergrund. Während der Speisenfolge singen wir als Familie die Shabbatlieder oder jüdische Lieder, die wir gernhaben. Im Rahmen des Abends wird ein Gedanke aus dem wöchentlichen Tora-Abschnitt diskutiert, den wir immer mit aktuellen Ereignissen zu verknüpfen versuchen. Was lernen wir aus der Tora für unser Leben heute, was gibt sie uns mit auf den Weg? Jede Woche ein bisschen Weisheit, hier haben wir auch unsere Kinder mit Geschichten einbezogen und damit zu einer Diskussion angeregt.

Rachel und Deborah Engelberg beim Verabschieden des Shabbat mit Hawdala-Kerze

Den Samstagvormittag verbringt man in der Synagoge. Hier wird der wöchentliche Abschnitt aus der Tora gelesen, man betet für Kranke, gedenkt der Verstorbenen, spricht Gebete für die Gemeinde, den Staat Israel, aber auch für das Land, in dem man lebt.

Hier gibt es meist auch ein Programm für die Kinder, beziehungsweise findet es niemand störend, wenn Kinder beim Gottesdienst durch den Raum laufen und vielleicht auch Spaß haben. Kinder sind unser größtes Geschenk! Danach gibt es in der Synagoge eine kleine Mahlzeit, die auch mit dem Segensspruch beginnt und die alle gemeinsam essen, auch wieder verbrämt mit einer Rede zum Wochenabschnitt.

Erholung, Einkehr und Besinnung kennzeichnen auch den Nachmittag, man ruht sich aus und geht spazieren, danach wird der Shabbat mit dem Nachmittags- und Abendgebet beendet. Dazwischen gibt es eine dritte Mahlzeit zur Abenddämmerung. Es heißt, dass die Erlösung des jüdischen Volkes (sobald alle Jüdinnen und Juden auf der ganzen Welt die Shabbatgesetze einhalten, woraufhin der Messias kommen kann) in dieser Abendstunde erfolgen soll. Der Shabbat klingt

Hawdala-Kerze und Besamimbüchsen

Shabbat Shalom!

Vorbereitung für den Kiddush am Shabbat

mit einer speziellen Zeremonie (Hawdala – siehe S. 37) aus. Dazu wird eine speziell geflochtene Kerze mit mehreren Dochten entzündet, ein Segensspruch über den Wein gesprochen und die Kerze, deren Schein an eine Fackel erinnert, mit etwas Wein ausgelöscht. Man riecht an Gewürzen (zum Beispiel Gewürznelken), die in einer speziellen Büchse (*Besamimbüchse*) aufbewahrt werden, um sich die Wohlgerüche des Shabbat in die Woche mitzunehmen.

Man wünscht einander eine gute Woche und freut sich schon auf den kommenden Freitag, der uns wieder aus dem hektischen Alltag herauslösen und unseren Blick auf die wesentlichen Dinge unseres Lebens lenken soll.

Das Einhalten des Shabbat gilt an jedem Ort für alle Jüdinnen und Juden, egal, wo man sich aufhält. Hier ist es wichtig zu beachten, dass es nicht nur ein Arbeitsverbot gibt, sondern auch andere Tätigkeiten nicht ausgeübt werden dürfen, so zum Beispiel das Tragen von Dingen, selbst, wenn es eine Tasche oder ein Schlüssel wäre. Hier wurde eine Möglichkeit geschaffen, dieses Verbot durch eine kreative Lösung

Le Chaim!

zu umgehen, es wurde ein *Eruw* (wörtlich »Mischung«) entwickelt. Der Eruw ist eine Art Shabbatgrenze, die durch natürliche Grenzen und Umzäunungen zum privaten Gebiet erklärt und damit vom Trageverbot am Shabbat ausgenommen wurde. Der Hintergrund ist, dass, wenn orthodoxe Jüdinnen und Juden am Shabbat nichts tragen oder schieben dürfen, dadurch ein Besuch der Synagoge für Mütter mit kleinen Kindern, gehbehinderte oder alte Menschen ohne das Vorhandensein eines Eruw ausgeschlossen ist. In der Praxis stellt der Eruw einen Zaun dar – real oder symbolisch –, der ein bestimmtes Wohngebiet umgibt. Innerhalb dieser virtuellen Grenze findet die Shabbatregel, nichts tragen zu dürfen, keine Anwendung. Die Grenze kann aus einem Seil oder einem Draht bestehen, der um einen Häuserblock oder ein Wohnviertel gezogen wird. Den eingezäunten Bereich können orthodoxe Juden dann als ihr gemeinsames

Virtuelle Installation des »Shabbat Room« von Maya Zack im Jüdischen Museum Wien

Shabbat Shalom!

»Heim« betrachten. Das Band muss eine ununterbrochene Abgrenzung bilden und kann deshalb auch an Telefonmasten oder Gebäuden entlangführen. Natürliche Begrenzungen wie Flüsse können auch Teil des Eruw sein. Die Begrenzungen bestehen oft aus dünnen Drähten, die über vorhandene Masten verbunden und für Laien nicht zu erkennen sind. Die Verbindung muss allerdings lückenlos sein und jede Woche auf ihre Vollständigkeit kontrolliert werden. Auf der ganzen Welt gibt es an Orten, in denen viele Jüdinnen und Juden leben, Eruwim. Die Idee eines Eruw wurde bereits im Talmud diskutiert und entwickelt. In Wien gab es vor dem »Anschluss« 1938 einen Eruw. Nachdem Jahrzehnte darum gerungen wurde, gibt es seit 2012 diese symbolische Umzäunung erneut. Dies hat das Leben der orthodoxen Jüdinnen und Juden enorm erleichtert und stellt dadurch eine zusätzliche Freude zur Einhaltung des Shabbat dar. Ich sehe an Samstagen immer mit großer Freude die vielen Kinderwägen in den Vorräumen der Synagoge und erinnere mich an die Zeiten, an denen meine Kinder noch nicht gehen konnten und ich daher immer mit mir gerungen habe, den Kinderwagen zu schieben (weil eigentlich verboten).

Den Shabbat zu halten mit allem, was dazugehört und vor allem, sich an die Gebote und Verbote zu halten, verlangt viel Disziplin und stellt eine Herausforderung dar. Dafür wird man mit einer ganz besonderen Atmosphäre der Ruhe, Spiritualität, Beschaulichkeit und einem besonderen Gefühl der Zusammengehörigkeit in der Familie und der Gemeinde belohnt. Der Shabbat ist eine Insel in unserer intensiven Zeit, hat mir ein Rabbiner mit auf den Weg gegeben. Eine Insel, auf die ich jede Woche gern zurückkehre.

Zwei Juden treffen sich am Shabbat auf der Kurpromenade in Karlsbad.
»Cohn, ich hab gehört, du bist Atheist geworden?«
»Ja.«
»Sag: Glaubst du noch an Gott?«
»Nu, lass uns reden von was anderem.«
Die beiden begegnen einander am nächsten Tag wieder.
»Cohn, es hat mir keine Ruhe gelassen die ganze Nacht: Glaubst du noch an Gott?«
»Nein.«
»Nu, das hättest du nebbich schon gestern sagen können.«
»Bist du Meschugge?! Am Schabbes?!«

Le Chaim!

Rezepte für Shabbat

Eines der wichtigsten Rezepte, das wöchentlich Anwendung findet, ist jenes für die *Challa*, das Brot, das am Shabbat gegessen wird. Traditionellerweise finden sich auf dem Shabbat-Tisch immer zwei Laibe von diesem köstlichen Weißbrot, das in Zopfform geflochten wird. Hier gibt es die unterschiedlichsten Varianten, wie der Teig geformt werden kann. Zu den Neujahrsfeiertagen (Rosh haShana) wird das Weißbrot in runder Form geflochten, um den Jahreskreis zu symbolisieren. Dass auf dem Tisch zwei Challot vorbereitet sind, soll an die biblische Geschichte der 40-jährigen Wanderung durch die Wüste erinnern, als Gott zur Ernährung der Israeliten Manna vom Himmel fallen ließ. Am Shabbat und an den Feiertagen blieb es jedoch aus, weshalb am Vorabend immer die doppelte Portion vom Himmel fiel.

Der Begriff Challa bedeutet »Teiggabe«. Im vierten Buch Mose (15, 17–21) wird beschrieben, dass ein Teil des Brotteigs den Priestern im Tempel als Opfergabe überreicht wurde. Nach der Zerstörung des Tempels im Jahr 70 unserer Zeitrechnung wurde von den Rabbinern festgelegt, dass vor dem Backen ein kleiner Teil des Teigs abgezweigt und verbrannt werden soll. Religiöse Menschen verrichten diese Pflicht jedes Mal, wenn sie Challot vorbereiten, und sprechen dazu den Segensspruch: »Gelobt seist Du, Herr, unser Gott, König des Universums, der uns mit Seinen Geboten geheiligt und uns befohlen hat, Challa vom Teig abzusondern.« Dieser Brauch nennt sich *Hafrashat Challa* (Trennung der Challa). Neben dem Entzünden der Shabbatkerzen und der *Taharat Hamishpacha* (Familienreinheit) ist das eine der wichtigen Pflichten einer jüdischen Frau.

Die beiden Challot liegen nicht einfach auf dem Tisch, sondern sie sind mit einem Tuch bedeckt, das reich verziert oder auch ganz simpel sein kann. Diese Tradition hat mehrere Hintergründe: Als das Manna in der Wüste vom Himmel fiel, sei es von Tau bedeckt gewesen, um die Frische zu erhalten. Die Bedeckung soll auch symbolisieren, dass das Mahl nicht begonnen werden kann, bevor ein Segensspruch über den Wein und dann das Brot gesprochen wird. Und dann gibt es auch noch den Hinweis auf die sieben Arten von Lebensmitteln, die in der Bibel als kennzeichnend für das Land Israel aufgezählt werden: Weizen, Gerste, Weintrauben, Feigen, Granatäpfel, Oliven und Datteln. Hier wird der Weizen eindeutig vor den Weintrauben genannt. Da der Segensspruch über den Wein allerdings als erster erfolgt, möchte man das Brot nicht »beschämen« und bedeckt es. So weit die Geschichten … Auf Jiddisch nennt man Challot *Barches*, was von *Bracha* (Segensspruch) kommen soll. Bis heute gibt es in Deutschland Bäckereien, die das Zopfbrot unter dieser Bezeichnung verkaufen.

Dazu gibt es einen herrlichen Witz unseres Freundes Erwin Javor, der über ein geradezu unerschöpfliches Repertoire an Anekdoten und humorvollen Erzählungen verfügt. Dieser Witz spielt im zweiten Wiener Gemeindebezirk und in der dort befindlichen koscheren Bäckerei:

Ein Marsmännchen landet an einem Freitagnachmittag mit seiner fliegenden Untertasse auf der Matzesinsel (das »jüdische Zentrum« Wiens). In der Lilienbrunngasse geht es zufällig an der Auslage des koscheren Bäckers Engländer vorbei und betrachtet voller Gier die ausgestellten Barches. Seine Antennen beginnen heftig zu surren und zu rotieren. Seine sieben Glubschaugen treten noch mehr hervor. Aufgeregt hüpft es auf und ab und kann sich gar nicht mehr beruhigen. Der Bäcker wundert sich und fragt: »Was ist los? Gibt es auf dem Mars keine Challot?« Darauf das Marsmännchen: »Nejn, ober dus hett git gepasst zi Gefilte Fisch.« (Nein, aber das würde gut zu »Gefilte Fisch« passen.)

Apropos Gefilte Fisch: Ich habe zwar ein Rezept angefügt, muss aber gestehen, dass ich Gefilte Fisch nur im äußersten Notfall selbst zubereiten darf. Mein lieber Mann hat nämlich noch aus seiner Kindheit nicht gerade begeisterte Erinnerungen. Vor Shabbat musste er sein Kinderzimmer in seinem Elternhaus immer räumen, damit an seinem Tisch die Faschiermaschine (Fleischwolf) aufgestellt werden konnte, um den Fisch zu faschieren. Das war vor der Zeit der Küchenmaschinen, als derartige Geräte noch an einem Tisch angeschraubt werden mussten. Und sein Schreibtisch war das einzige Möbel in der Wohnung, dessen Platte die entsprechende Höhe hatte. Allerdings haben wir in Wien ein großes Privileg: Im kosheren Restaurant *Alef Alef* bereitet Shalom Bernholtz einen fantastischen Gefilten Fisch vor, der viele selbst gemachte Gerichte übertrifft.

> Zu den Rezepten in diesem Buch: Ich benutze selbst gern amerikanische Cups als Maßeinheit zum Kochen und Backen und finde es praktisch, nicht immer alles abwiegen zu müssen. Manchmal ist das trotzdem nötig, deshalb finden sich sowohl Cup- als auch Grammangaben in meinen Rezepten. Dabei entspricht 1 Cup = 240 ml.

Shabbat Shalom!

Barches oder Challot für Shabbat

Nach einem Rezept meiner Tochter Debbie

Zutaten

2 Päckchen Trockengerm (14 g)
2 TL Zucker
2 Cups warmes Wasser
2 Eier
6 EL Öl
2 TL Salz
½ Cup Honig
Ca. 9 Cups Mehl (am Ende nach Gefühl, der Teig soll sich flaumig anfühlen)
1 Ei zum Bestreichen
Etwas Honig und/oder Vanille zum Bestreichen (optional)
Mohn und/oder Sesam zum Bestreuen

Germ und Zucker in ½ Cup warmem Wasser auflösen. 15 Minuten rasten lassen, bis diese Germmischung dick und schaumig ist. Eier, Öl und Salz mischen, die restlichen 1 ½ Cups Wasser mit dem Honig verquirlen und mit der Germmischung ebenfalls dazugeben. Dann nach und nach die halbe Menge Mehl in diese flüssigen Zutaten mischen, bis sich ein lockerer Teig bildet. Den Rest des Mehls langsam dazugeben – vermutlich werden Sie nicht alles brauchen, also am Ende eher vorsichtig mit dem Mehl umgehen. Der Teig soll weich, aber nicht klebrig sein. Sobald das erreicht ist, den Teig für einige Minuten kneten (alles entweder mit der Hand auf einem Tisch oder in der Küchenmaschine). Den Teig in eine Schüssel geben, mit einem feuchten Tuch zudecken und an einem warmen Ort eine bis eineinhalb Stunden rasten lassen. In dieser Zeit sollte sich der Teig verdoppeln. Mit der Hand ein wenig eindrücken und nochmals 10 Minuten rasten lassen.

Den Teig in zwei gleiche Stücke für jeweils eine Challa teilen. Aus jedem Stück drei gleiche Teile schneiden und Rollen formen. Aus den Rollen Zöpfe flechten (es gibt viele verschiedene Flechtweisen mit variierender Anzahl von Rollen, je nach Laune und Fantasie). Die beiden Challot entweder auf zwei verschiedene, mit Backpapier bedeckte Backbleche legen, oder mindestens 15 cm voneinander entfernt auf dasselbe Blech geben. Man kann sie nun nochmals rasten lassen, das ist aber meist nicht nötig. Mit dem Ei oder der Eimischung (Honig und/oder Vanille) bestreichen, eine oder beide Challot mit Mohn oder Sesam bestreuen. Ich verwende gern manchmal auch ein »Everything-Bagel«-Gewürz, das ich aus den USA mitbringe. Dann im vorgeheizten Rohr 35 Minuten bei 200 °C backen. Die Challot sollten oben goldgelb sein und unten fest.

Gefilte Fisch

Zutaten

Für den Fischfonds:
2 Zwiebeln, fein gewürfelt
2 Karotten, fein gewürfelt
1 TL Zucker
1 TL Salz
6 Cups Wasser

Für den Gefilten Fisch:
2 Zwiebeln, fein gewürfelt
1 Karotte, fein gewürfelt
Etwas Dille, fein geschnitten (je nach Geschmack)
1 kg faschierter Fisch (zu gleichen Teilen Lachs und Weißfisch)
3 Eier
½ Cup kaltes Wasser
¼ Cup Matzemehl

Für den roten Kren:
Je nach Anzahl an Gästen:
1 große Wurzel Kren
2 rote Rüben
Etwas Zitrone, Salz und Zucker zum Abschmecken, nach Belieben auch Pfeffer

Für den Fischfonds: Zwiebeln, Karotten, Zucker und Salz in den 6 Cups Wasser aufkochen und für ca. 15–20 Minuten köcheln lassen.

Für den Gefilten Fisch: Alle anderen Zutaten in zwei Portionen in einer großen Schüssel mit einem elektrischen Mixer vermischen, jede ca. 4 Minuten, bis die Masse weich und seidig ist, mit Salz und evtl. Zucker sowie Zitronensaft abschmecken. Flache Laibchen formen, vorsichtig in den heißen Fischfonds gleiten lassen und halb zugedeckt eine bis eineinhalb Stunden köcheln lassen. Warm oder kalt essen. Wenn kalt, dann abkühlen lassen und aus dem Fonds herausheben, auf einem Teller anrichten und mit einer Karottenscheibe garnieren.

Für den roten Kren: Kren und rote Rüben reiben, mit etwas Wasser vermischen und mit etwas Zitrone, Salz und Zucker abschmecken.

Nach dem Rezept von Zenaida Habif

Vegetarische gehackte Leber

Zutaten

3 große Zwiebeln
1 ½ Cups Walnüsse
3 hartgekochte Eier
1 kleine Zwiebel
2 Dosen Erbsen

Die Zwiebeln in Streifen schneiden und in Öl braten, bis sie dunkel sind. ¾ davon zum Garnieren aufheben. Alle anderen Zutaten in den Mixer geben, eine Zutat nach der anderen, in folgender Reihenfolge: Nüsse, Eier, gebratene Zwiebeln und die kleine rohe Zwiebel, am Schluss die Erbsen (Flüssigkeit vorher abgießen). In einer Schüssel anrichten und mit den gebratenen Zwiebelstreifen garnieren. Schnell zubereitet, köstlich zu essen und bekömmlicher als gehackte Leber! Aber Achtung: Suchtgefahr!

Shabbat Shalom!

Tscholent

vegan!

Zutaten

- ¾ Cup Rollgerste
- 2 EL Olivenöl
- 1 Zwiebel, fein gehackt
- 3 Knoblauchzehen, fein gehackt
- 1 kg Seitan (fester Tofu geht auch), grob geschnitten
- 4 Kartoffeln, geschält und gewürfelt
- 4 Karotten, geschält und gewürfelt
- 1 Dose geschälte Tomaten
- ½ Cup Rotwein
- 3 Cups gekochte rote Bohnen oder 2 Dosen Bohnen (rot oder weiß), Saft abgießen
- 1 TL Paprika
- 5 ½ Cups Wasser (und mehr zum Nachgießen)
- Salz, Pfeffer

Die Rollgerste in 1 ½ Cups Wasser aufkochen, dann Hitze reduzieren, Topf zudecken und ca. 25 Minuten köcheln lassen, bis das Wasser verdunstet ist. Das Öl in einem großen Topf erhitzen und die Zwiebel darin anbraten. Den Knoblauch und Seitan dazugeben. Auf mittlerer Flamme braten, bis der Seitan bräunlich wird. Die Gerste, Kartoffeln, Karotten, die geschälten Tomaten und den Wein samt 4 Cups Wasser dazugeben. Langsam aufheizen, dann die Hitze reduzieren, zudecken und für 20 Minuten köcheln lassen. Die Bohnen und den Paprika dazugeben, auf der kleinsten Flamme etwa eine Stunde köcheln, immer wieder umrühren. Ab und zu Wasser nachgießen, allerdings nicht zu viel, es soll keine Suppe werden. Mit Salz und Pfeffer abschmecken, auf kleiner Hitze ca. 5 Minuten weiter kochen. Sofort essen oder warm stellen.

Shabbat Shalom!

Le Chaim – auf die Bäume und auf Königin Esther

Tu bi Shwat und Purim

Tu bi Shwat
Haben Sie schon mal einem Baum ein gutes neues Jahr gewünscht? Im Judentum ist das so üblich: Tu bi Shwat ist das Neujahrsfest der Bäume, das im Jänner stattfindet. Der Name rührt vom 15. Tag des Monats Shwat her. Im hebräischen Alphabet haben alle Buchstaben auch einen Zahlenwert. In diesem Fall entspricht der Buchstabe Tet (das »T« in Tu) dem Zahlenwert 9 und der Buchstabe Waw (das »u« in Tu) dem Zahlenwert 6, zusammen also 15. Am 15. Shwat werden in Israel Bäume gepflanzt, daher nennt man diesen Tag auch »Chag la Ilanot«, Fest der Bäume.

Dieser Feiertag ist zwar im Alten Testament nicht festgeschrieben, er geht aber auf mehrere Gebote in der Tora zurück. **»Wenn ihr in das Land kommt, sollt ihr allerlei Bäume pflanzen.«** (3. Buch Mose 19, 23). Es heißt aber, dass man auf den Genuss von Früchten neu gepflanzter Bäume verzichten soll. Drei Jahre soll man davon nicht essen, im vierten Jahr soll man sie im Tempel darbieten und erst im fünften Jahr genießen. Gott befahl dem jüdischen Volk, die Natur nicht nur zu nutzen, sondern sie auch zu pflegen. An diesem Tag denken wir über die Lehren nach, die wir aus unserer Beziehung zur botanischen Umgebung ziehen können. Pflanzen und Bäume haben ihre eigene Existenz. Sie sind nicht nur da, um uns mit etwas zu versorgen; sie haben auch eine gewisse eigene Aufgabe in der Welt zu erfüllen. Das bedeutet, dass wir alles daransetzen müssen, dass sie weiterhin existieren. So können sie ihre besondere, ihnen speziell zugewiesene Aufgabe auch erfüllen – beispielsweise, für andere Lebewesen Sauerstoff zu produzieren. Das ist auch die tiefe Bedeutung des Neujahrsfests der Bäume. Darum feiern wir ihr eigenes Rosh ha-Shana. Denn genauso, wie der Mensch seine Aufgaben in der Welt

Grove of Nations des Keren Kayemet LeIsrael in Jerusalem

hat, so haben auch die Bäume ihre besondere Mission. Sie besitzen einen göttlichen Funken, der sie dazu bringt, ihre Aufgabe zu erfüllen.

In Israel ist dieser Tag von wesentlicher Bedeutung, da Bäume Schatten spenden und auch Wasser bringen. Aufforstungsprogramme, wie jenes vom Keren Kayemet LeIsrael (KKL), dem Jüdischen Nationalfonds, werden unterstützt. Bei jüdischen Festen ist es durchaus üblich, dass man im Namen des zu Beschenkenden für Pflanzen und Bäume in Israel spendet, statt Geschenke zu bringen. Der Jüdische Nationalfonds wurde 1901 gegründet – unter anderen von Theodor Herzl.

> **Theodor Herzl** (1860–1904) war Schriftsteller, Publizist und Journalist, der mit seiner Schrift »Der Judenstaat« den modernen Zionismus begründete. Unter dem Eindruck des wachsenden Antisemitismus war er der Ansicht, dass die Jüdinnen und Juden einen eigenen Staat benötigen.

Erster Präsident war der Wiener Industrielle Johann Kremenezky, weshalb die Zentrale für einige Jahre in Wien beheimatet war. Der Elektroingenieur Kremenezky hatte mit seiner Firma, die später in Tungsram überging, die elektrische Beleuchtung in Wien eingeführt. Seine Firma war die größte ihrer Art in Europa und Kremenezky selbst ein engagierter Zionist.

Ziel des KKL waren der Landerwerb im damaligen Palästina, die Aufforstung des wüstenähnlichen Gebiets und die Schaffung einer entsprechenden Infrastruktur. Zum Symbol der Organisation wurde die blauweiße Spendenbüchse, die in keinem jüdischen Haushalt rund um den Globus fehlen durfte. Seither wurden rund 240 Millionen Bäume gepflanzt und 220 künstliche Wasserreservoire angelegt. Damit ist der KKL heute eine der weltweit führenden Institutionen für eine nachhaltige ökologische Entwicklung.

Der Feiertag Tu bi Shwat, an dem gearbeitet werden darf, kündigt das Ende des Winters an. Die Bäume, die vom Wasser des vergangenen Jahres gelebt hatten, nehmen jetzt das Wasser des neuen Jahres auf. Nach der Regenzeit sollen die

> **Johann Kremenezky** (1848–1934) war einer der engsten Mitarbeiter Theodor Herzls und früher Zionist.

Tu bi Shwat in Israel, Kinder beim Pflanzen eines Baumes

Bäume gedeihen. An diesem Tag isst man Früchte, die in Israel wachsen: Oliven, Datteln, Trauben, Feigen und Granatäpfel. Die Menschen bedanken sich für alles, was uns von der Natur gegeben wird. Mensch und Baum werden hier auch verglichen. Es heißt, dass der Mensch einem Baum auf dem Felde gleicht (4. Buch Mose 20, 19). Unsere Wurzeln, die uns ernähren, gehen zurück auf unsere Stammeltern Abraham und Sara. Unsere Baumkrone reicht bis zum Himmel, wir stehen aber dennoch auf der Erde. Die Früchte sind ein Symbol für die guten Taten, die man geleistet hat. Die Schülerinnen und Schüler in Israel erhalten zu diesem Zeitpunkt ihre Halbjahreszeugnisse und Ausflüge in die Wälder stehen in den Schulen auf dem Programm. Tu bi Shwat kann durchaus auch als ein Symbol für den bereits in biblischen Zeiten gebotenen Umweltschutz gelten. Wir sind dafür verantwortlich, auf unseren Planeten achtzugeben, und dieser Feiertag soll uns ermahnen, sorgfältig mit der Umwelt umzugehen. So müssen wir stets für sie sorgen, sie schützen und sichergehen, dass die Bäume und die Natur weiter existieren, um ihre Aufgabe in der Welt erfüllen zu können. Tu bi Shwat ist ein guter Anlass, sich daran zu erinnern.

Purim

Das fröhlichste und ausgelassenste Fest des jüdischen Jahres ist Purim. Es ist ein Freudenfest, denn es erinnert an die Errettung des jüdischen Volkes, das im fünften Jahrhundert vor der Zeitenwende im persischen Exil lebte. Der höchste Beamte des Königs Achashwerosh (Xerxes I.), Haman, wollte alle Jüdinnen und Juden in Persien ermorden, und zwar an einem bestimmten Tag. Darüber sollte ein Los (Pur: Einzahl von Purim) entscheiden. Das Los fiel auf den 13. Adar (Februar/März). Die mutige jüdische Königin Esther, die zweite Frau von König Achashwerosh, fastete daraufhin, verrichtete Gebete und fasste schließlich den Mut, den König anzusprechen. Sie und ihr Onkel Mordechai, der einmal einen Mordanschlag auf den König verhindert hatte, wirkten auf ihn ein und konnten ihn davon abbringen, das jüdische Volk in Persien auslöschen zu lassen.

Aus diesem Anlass versammelt man sich in der Synagoge und erinnert sich an die Ereignisse vor 2500 Jahren in Persien. Der Gottesdienst gestaltet sich fröhlich. Es wird aus dem Buch Esther (*Megillat Esther*) gelesen, einer Festrolle, in der die Geschichte von Purim erzählt wird. Esther-Rollen (handschriftlich auf Pergament ausgefertigt) finden sich in allen Synagogen.

Esther-Rolle, Anfang 20. Jahrhundert

Eine Ratsche zum Übertönen von Hamans Namen

In Wien haben sich trotz der Zerstörung der Synagogen im Novemberpogrom 1938 einige Esther-Rollen erhalten. Wann immer im Gottesdienst der Name Haman fällt, soll Lärm gemacht werden, um seinen Namen zu übertönen. Dazu werden Ratschen (*Rashanim* oder *Gragger*) benutzt.

Ob sich daraus der Brauch der Osterratsche entwickelt hat oder umgekehrt, lässt sich nicht genau sagen.

Es ist üblich, Geschenke an Verwandte und Freunde zu schicken sowie an Bedürftige zu verteilen, darunter sollen auch Lebensmittel sein. Dieser Brauch, *Mishloach Manot* oder auch *Schlachmones* auf Jiddisch (wörtlich »Portionen verteilen«) zu schicken, stammt ebenfalls aus dem Buch Esther: **»Er (Mordechai) schickte Schreiben an alle Juden in allen Provinzen nah und fern und machte ihnen zur Pflicht, den vierzehnten und den fünfzehnten Tag des Monats Adar in jedem Jahr als**

Purim in der Großen Schiffgasse

Le Chaim – auf die Bäume und auf Königin Esther

Teller für Schlachmones (Mishloach Manot)

Festtag zu begehen. ... Sie sollten sie als Festtage mit Essen und Trinken begehen und sich gegenseitig beschenken, und auch den Armen sollten sie Geschenke geben.« (Esther 9, 20–22).

Gegessen werden Hamantaschen, süße, gefüllte Teigtaschen. Zu Purim muss viel gegessen und vor allem getrunken werden – ausnahmsweise, denn übermäßiger Alkoholkonsum ist im Judentum sonst eigentlich verpönt. Zu Purim allerdings soll man so viel Alkohol konsumieren, bis man nicht mehr zwischen Haman und Mordechai unterscheiden kann. Purim wird auch als »jüdischer Fasching« bezeichnet, denn es ist üblich, sich zu verkleiden. Dafür gibt es verschiedenste Erklärungen: Zu Purim ist nichts, wie es scheint. Viele Details in der Purim-Geschichte sind wie ein Wunder, versteckt hinter ganz natürlichen Ereignissen. Gott habe sich sogar selbst »verkleidet«, denn sein Name wird in der Geschichte von Purim nicht genannt.

Bei den traditionellen Speisen zu Purim ist die Füllung wie Mohn oder Marmelade beziehungsweise

Donald Duck und Kind als Ritter verkleidet auf einer Purimfeier im Stadttempel Wien, 2017

Powidl in den Teigtaschen versteckt, der Teig ist die Verkleidung. Es ist Vorschrift, besonders fröhlich zu feiern, denn wie oft geschehen schon solche Wunder, dass eine jüdische Gemeinde im letzten Moment vor der Ermordung gerettet werden konnte? Fasten und trauern soll man zu Purim nicht.

Früher war es Brauch, sich als eine der Gestalten der Purim-Geschichte zu verkleiden, heute sind viele verschiedene Verkleidungen möglich. Auch in der Wiener jüdischen Gemeinde wird Purim groß und mit vielen verschiedenen Partys gefeiert. Hier ist auch eines meiner Lieblingsfotos entstanden: Es stammt von Ouriel Morgensztern, einem großartigen Fotografen, der sich – aus Frankreich stammend – in Wien angesiedelt und hier viele Ereignisse im Gemeindeleben fotografiert hat. Dieses Foto zeigt den Sohn einer lieben Freundin, als Ritter verkleidet im Eingangsbereich des Stadttempels, wo er auf eine riesenhafte Donald-Duck-Figur trifft, der er wie David, der unerschrocken Goliath gegenübersteht, begegnet.

Martin und Liliane Engelberg beim WIZO-Kinder-Purimfest, Wien 1969

Von den Purimfeiern in Wien seit den 1960er-Jahren gibt es unzählige Fotos. Die allermeisten davon hat Margit Dobronyi aufgenommen. Margit Dobronyi, 1913 in eine ungarische Rabbinerfamilie in Budapest geboren, hat die Shoa überlebt und kam 1956 im Zuge des Ungarn-Aufstands, eines versuchten Freiheitskampfs gegen die Sowjetmacht, als eine von 200 000 jüdischen und nichtjüdischen ungarischen Flüchtlingen nach Wien. Als alleinerziehende Mutter von drei Kindern musste sie für den Lebensunterhalt sorgen, kaufte sich eine Kamera und begann kurzerhand und meist ungefragt die Feste und Feierlichkeiten der jüdischen Gemeinde zu fotografieren. In einer Zeit, in der nicht viele Menschen Fotoapparate besaßen, ließ sie die Fotos rasch, nachdem sie sie aufgenommen hatte, ausarbeiten, und sandte die Ausdrucke samt einem Erlagschein an die verschiedenen Familien, die sie fotografiert hatte. Die Fotos waren nicht gerade, wie es gut wienerisch-jiddisch heißt, eine Metzie (günstiger Kauf, Schnäppchen), doch man konnte mit Frau Dobronyi handeln und jede Familie kaufte die Fotos gern und zahlreich. Margit Dobronyi fotografierte mehr als 40 Jahre lang und wurde durch ihre Bilder zur fotografischen Chronistin der Wiener jüdischen Gemeinde in ihrem Neubeginn nach der Shoa. So entstand auch ein Foto von meinen Kindern und mir anlässlich einer Purimfeier.

Da Purim im Februar oder März abgehalten wird, fällt er meist mit dem Fasching oder Karneval zusammen. Im Buch Esther heißt es: **»Das sind die Tage, an denen die Juden wieder Ruhe hatten vor ihren Feinden; es ist der Monat, in dem sich ihr Kummer in Freude verwandelte und ihre Trauer in Glück.«** (Esther 9, 22). In diesem Sinne wird in allen jüdischen Gemeinden auf der ganzen Welt Purim als ausgelassenes Fest gefeiert.

Le Chaim!

Rachel und Samuel Engelberg mit Danielle Spera auf einer Purimfeier

Le Chaim – auf die Bäume und auf Königin Esther

Rezepte für Tu bi Shwat und Purim

Zu Tu bi Shwat werden Früchte gegessen. Fruchtsalat steht auf dem Essensplan, ich verwende dazu auch frische Datteln, Kerne von Granatäpfeln und Feigen. Mit den Kindern war zu Tu bi Shwat auch Schokolade erlaubt: Als Fondue haben wir die Früchte für Tu bi Shwat in Schokolade getaucht, die wir vorher geschmolzen hatten. Mit dem Rest dieses Schokofondues haben wir dann auf einen leeren Teller Bäume gezeichnet und darauf symbolisch Granatäpfelkerne drapiert. Das Essen wurde so spielerisch zu einem kreativen Lernereignis, mit dem wir die Wichtigkeit der Bäume vermitteln konnten.

Model für Purim-Kuchen, 19. Jahrhundert

Le Chaim – auf die Bäume und auf Königin Esther

Hamantaschen für Purim

Hamantaschen sind das typische Gericht für Purim. Diese dreieckigen Teigtaschen, die an die Kopfbedeckung von Haman erinnern sollen, kann man je nach Geschmack füllen. Die Füllungen reichen von Mohn über Powidl oder Dattelmarmelade. Auch beim Teig gibt es verschiedenste Varianten.

Zutaten

Für den Teig:
1 Tasse Mehl
1 Ei
¾ Tasse Zucker
¾ Tasse weiche Butter
1 EL Orangensaft
1 TL Vanillezucker
2 TL Backpulver
Orangenschale
Etwas Salz

Für die Mohnfüllung:
100 g Mohn
70 g Zucker
125 ml Milch

Backrohr auf 175 °C vorheizen.

Für die Mohnfüllung Mohn, Zucker und Milch in einem Topf kurz zu einem Brei aufkochen und anschließend gut auskühlen lassen.

Alle Zutaten für den Teig in einer Schüssel vermischen und gut verkneten. Den Teig zu einer Kugel formen und ausrollen. In etwa 8 × 8 cm große Quadrate schneiden. In die Mitte einen TL Füllung geben (Mohnfüllung, Powidl oder Dattelmarmelade), zu Dreiecken zusammenklappen, die Ränder gut zusammendrücken und mit Ei bestreichen. Backpapier auf ein Backblech geben und die Taschen ca. 20 Minuten backen.

Le Chaim!

Kreplach für Purim

Zutaten

Für den Kreplach-Teig:
400 g Mehl
2 Eier
Salz
3 EL Öl
2 Eier
½ TL Salz
Gekochtes Wasser

Für die Füllung:
250 g gekochtes oder faschiertes Rindfleisch und/oder Gemüse (je nach Geschmack)
1 Ei
Salz, Pfeffer

Die Zutaten für den Teig in einer großen Schüssel vermengen, nach Bedarf Wasser dazugießen. Den Teig gut verkneten und dünn auf einer bemehlten Unterlage ausrollen. In 8 cm große Quadrate schneiden.

Für die Füllung kann man gekochtes Rindfleisch und Gemüse nehmen (oder nur Gemüse). Das Rindfleisch fein hacken oder das faschierte Rindfleisch braten, mit dem Ei, Salz und Pfeffer vermischen.

1 TL Füllung in die Mitte der Teigquadrate geben, zu einem Dreieck falten und die Enden mit den Fingern gut zusammendrücken. Die Kreplach in kochendes Salzwasser geben, bis sie an der Oberfläche schwimmen.

Je nach Geschmack kann man die Kreplach auch braten, bevor man sie in die Suppe (siehe Rezept für Goldene Joich, S. 186) gibt.

> Zu Purim isst man gern Kreplach, weil sich die Füllung wie das Wunder von Purim verborgen hält.

Le Chaim – auf die Bäume und auf Königin Esther

Le Dor wa Dor – von Generation zu Generation

Das Pessachfest

Das Wissen von und die Erinnerung an bedeutungsvolle Ereignisse aus der jüdischen Geschichte von Generation zu Generation *(le dor wa dor)* weiterzugeben, ist ein wichtiger jüdischer Grundsatz. Dies gilt besonders für Pessach, jener Feiertag, der im Frühjahr vom 15. bis zum 22. Nissan (März/April) begangen wird.

Das Pessachfest stellt für jüdische Familien einen der wichtigsten Feiertage des Jahres dar. Es ist das Fest, an dem alle zusammenkommen, um gemeinsam eines essenziellen Ereignisses in der jüdischen Geschichte zu gedenken: des Auszugs aus Ägypten und der Befreiung von der Sklaverei. »Pessach« bedeutet Auslassen oder Überschreiten (im Englischen »Passover«), denn im zweiten Buch Mose heißt es, wenn das Strafgericht Gottes die männlichen ägyptischen Erstgeborenen traf, sollten die Häuser der Juden mit einem Zeichen markiert werden, damit sie von diesem Strafgericht verschont blieben und ihre Häuser ausgelassen wurden (2. Buch Mose 12, 13). Daraus wurde auch die Tradition der *Mesusa* entwickelt, die Kennzeichnung einer jüdischen Wohnung oder eines jüdischen Hauses durch eine längliche Kapsel, die das wichtige Gebet *Shma Jisrael* enthält, das jüdische Glaubensbekenntnis.

Zu Beginn des einwöchigen Pessachfestes stehen die beiden festlichen Sederabende (in Israel ein Abend) mit einem feierlichen Nachtmahl. An diesen beiden Abenden erzählen sich Juden in aller Welt jedes Jahr die Geschichte der Befreiung des Volkes Israel aus der Sklaverei und vom Auszug aus Ägypten – die *Haggada shel Pessach*. »Haggada« kommt vom hebräischen Verb *lehagid* (erzählen, berichten).

Es ist eine besondere Tradition, dass zu diesem Fest die ganze Familie, aber auch Freunde oder Menschen, die keine Familie haben, zusammenkommen. Pessach gilt im Judentum als DAS Familienfest, vergleichbar etwa mit dem Weihnachtsfest im Christentum, dem

Opferfest im Islam oder Thanksgiving in den USA. Auch wenn wir in unserer Familie den wöchentlichen Feiertag, den Shabbat, jeden Freitag mit Gebeten, Liedern, Segenssprüchen und einem traditionellen Nachtmahl zusammen feiern, so bleibt doch der Sederabend ein ganz spezielles Ereignis in unserem Jahreszyklus.

Schon Monate im Voraus machen wir uns Gedanken darüber, wo wir diesen Abend gemeinsam begehen werden. Da die ganze Familie beisammen sein soll, diskutieren wir immer darüber, an welchem Ort wir das festliche Sedermahl abhalten, ob bei uns oder bei unseren engsten Verwandten oder Freunden, von denen viele nicht in Wien leben. Dass viele Familienmitglieder zusammenkommen, ist in Zeiten einer Pandemie ein Ding der Unmöglichkeit und so gab es in den letzten Jahren bedauerlicherweise immer wieder Sederabende im kleinen Kreis, beziehungsweise hat man sich vorher virtuell verabredet.

Den Sederabend bei uns zu Hause zu begehen, ist selbstverständlich etwas ganz Besonderes.

Die Vorbereitungen für das Pessachfest sind umfassend und betreffen vor allem die Küche, aber auch viele andere Bereiche der Wohnung. Jeder Raum muss in den Wochen vor Pessach gründlich gereinigt werden, am intensivsten auf jeden Fall die Küche. Im Christentum hat sich das als Osterputz fortgesetzt.

Alles Gesäuerte *(Chametz)* muss aus dem Haus gebracht werden: Brot, Teigwaren, Hülsenfrüchte, Bier et cetera, in Erinnerung daran, dass die Juden in aller Eile aus Ägypten auszogen und keine Zeit hatten, den Brotteig gären zu lassen. In der Tora heißt es: **»Dass bei dir weder Sauerteig noch gesäuertes Brot gesehen werde an allen deinen Orten«** (2. Buch Mose 13, 7). Für einen jüdischen Haushalt ist das definitiv eine Herausforderung. In diesen Tagen beneide ich Freundinnen, die über eine eigene kleine Pessachküche verfügen. Sie schließen ihre »normale« Alltagsküche ab und kochen während der acht Pessachtage in einer speziellen, knappen Küche, meist ein umfunktionierter kleiner Raum, der ausschließlich für Pessach genutzt wird. Einen solchen haben wir in unserer Wohnung leider nicht. Daher heißt es bei uns, die ganze Küche umzurüsten; alles, was gären kann, muss ausgeräumt werden. Das Gesäuerte kann auch für die

Le Dor wa Dor – von Generation zu Generation

Le Chaim!

Pessach-Feiertage symbolisch an einen Nichtjuden verkauft werden. Das funktioniert heute auch online, es gibt sogar schon eigene Formulare dafür.

Für die Kinder sind diese Wochen der Vorbereitung immer spannend. Sie helfen mit großer Vorfreude mit, alles auszuräumen, vor allem in den letzten Tagen vor dem Sedermahl. Zumindest bei uns war es immer so. Mit Kerzen, Taschenlampen und Federn werden nach der intensiven Reinigung in der ganzen Wohnung unter den Möbeln Brösel oder Spuren von Brot gesucht, ein Ritual, auf das die Kinder jedes Jahr warten. Diese Bröselreste müssen verbrannt werden. Auch das war ein spezieller Anlass, bei dem meine Kinder immer ganz aufgeregt waren. Oft hat es geschneit, wenn mein Mann mit ihnen im Freien in einer kleinen Alufolie die Brösel verbrannte.

Das Kochen und Vorbereiten des Sederabends nimmt viel Zeit in Anspruch, vor allem das Austauschen des Geschirrs. Ich entferne das Alltagsgeschirr sowie das Besteck aus unserer Küche, räume die Schachteln voll mit unserem speziellen Porzellanservice und

Pessach in Pandemiezeiten: Die Familie Engelberg-Spera traf sich digital.

bringe das Silberbesteck in die frisch geputzte Küche. Von meinen lieben Schwiegereltern habe ich ein prachtvolles Pessachgeschirr geerbt, das unseren festlich gedeckten Tisch alljährlich schmückt und an sie erinnert. Leider sind sie nicht mehr unter uns.

Wenn man über kein eigenes Geschirr für Pessach verfügt, muss man das Geschirr ganz besonders reinigen. Töpfe oder Besteck müssen abgekocht werden, Gläser und Geschirr aus Glas werden drei Tage in Wasser gelegt, das nach jeweils 24 Stunden gewechselt werden muss.

Der Sedertisch wird – wie für jeden Feiertag, an dem man an außergewöhnliche Ereignisse in der Geschichte des jüdischen Volkes erinnert – besonders festlich in Weiß gedeckt, mit speziellem Porzellan und Weingläsern. Nachdem der Ablauf des Abends nach traditionell festgelegten Regeln erfolgt, steht der Sederteller im Mittelpunkt. Diesen Teller bereite ich gemeinsam mit meinem Mann vor. Im Lauf des Abends erinnert man an das Ende der Knechtschaft, daher müssen symbolische Speisen auf diesem Sederteller bereitgestellt sein: ein Knochen *(Tzeroa)* als Symbol für das Pessachlamm, Bitterkraut *(Maror)* in Erinnerung an die bitteren Zeiten, ein Gemisch aus Äpfeln, Nüssen und Zimt *(Charosset)*, das die Ziegel verkörpert, die die Juden in Ägypten herstellen mussten. Hier kommt mein Mann zum Zug, denn er bereitet ein besonders schmackhaftes Charosset zu. Weiters liegt auf dem Sederteller ein hart gekochtes Ei als Symbol der Vergänglichkeit und Trauer über die Zerstörung des Tempels, Petersilie als Frucht des Gartens und der Hoffnung, Salzwasser, das die Tränen des jüdischen Volkes symbolisiert, und ungesäuertes Brot *(Matza)*.

Dass wir zu Pessach acht Tage lang nur ungesäuertes Brot, Matzot, essen, bedeutet für die ganze Familie eine Umstellung, auch für die Kinder, die sich in dieser Woche über andere Köstlichkeiten freuen dürfen als sonst, zum Beispiel

Sederteller mit den symbolischen Speisen. Rechts: Die beiden Haggadot von Arik Brauer

Schokomatzes. Zu Pessach haben meine Kinder immer das gesamte Essen für den Tag von zu Hause in die Schule mitgenommen, sodass sie auch dort die Essensregeln für die Pessach-Tage einhalten konnten. Auf diese Art wird den Kindern auch die Symbolik dieses Feiertags sehr bewusst. Matzot oder auch Matzes sind an Knäckebrot erinnernde dünne Brote, die ohne Gärmittel hergestellt werden. Das Herstellen der Matzot darf daher 18 Minuten nicht überschreiten. Es gibt auch noch besondere Matzot, die *Matza Shmura*, auf Jiddisch »Matze schmire« genannt. Es sind sogenannte bewachte Matzot, da schon ab der Ernte das Mehl kontrolliert wird, während bei »normalen« Matzot erst vom Mahlen des Getreides an kontrolliert wird, dass nichts zu Gesäuertem wird.

Der Sederabend hat einen ganz besonderen Ablauf. Nach dem Abendgottesdienst in der Synagoge beginnt die Zeremonie, in der die Pessach-Haggada gelesen wird. Auf dem festlich gedeckten Tisch hat jeder dieses Buch, die Haggada, mit der Erzählung über den Auszug aus Ägypten vor sich liegen. Dieses Buch kann mehr oder weniger illustriert sein, mit vielen oder wenigen Erklärungen. Es gibt

Kinderausgaben, sogar welche für ganz kleine Kinder als Stoffbuch, Haggada-Ausgaben für Jugendliche, 10-Sekunden-Haggadot und so weiter. Jeder, der am Feiertagstisch sitzt, sollte einen Teil aus diesem Buch vorlesen. Oft vermischen sich dann die verschiedenen Sprachen der Gäste, aber auch die Gesänge sind mannigfaltig: Während der Text immer gleich bleibt, kommen aus den verschiedensten Kulturkreisen, in denen Juden leben, auch unterschiedliche Melodien.

Meine ganz persönliche »Lieblings-Haggada« war für viele Jahre jene von Arik Brauer (1929–2021), die er im Jahr 1979 illustriert hatte. In kürzester Zeit vergriffen, wurde sie rasch zu einem Klassiker.

Ich muss gestehen, dass die Bilder, die Arik Brauer damals als Illustrationen für seine Haggada geschaffen hat, mich manchmal dazu verleiteten, am Sederabend mit meinen Gedanken abzuschweifen. Ich fühlte mich direkt in das biblische Geschehen hineinversetzt. Mit seinen Bildern verdeutlichte Arik Brauer die Geschichte des Auszugs aus Ägypten auf eine unnachahmliche Weise. Glücklicherweise konnte unser gemeinsamer Freund Erwin Javor Arik Brauer überreden, im Jahr 2013 neuerlich eine Haggada zu illustrieren.* Herausgekommen sind dabei wesentlich hellere, farbenfrohe Bilder, für die wir besonders dankbar sind. Diese »neue« Haggada ist nun meine Lieblings-Haggada und wird es vermutlich bleiben, vor allem in Erinnerung an den österreichischen Universalkünstler und meinen lieben Arik Brauer, der uns im Jänner 2021 für immer verlassen hat.

Nach dem Händewaschen und dem Segen werden die Speisen, die auf dem Sederteller liegen, in einer bestimmten Reihenfolge gegessen: Karpas (in Salzwasser getunktes Gemüse), Matza, Bitterkräuter, Charosset und das hart gekochte Ei. Davor wird die symbolische Bedeutung der jeweiligen Speise erklärt und über jede Speise ein Segen gesprochen. Der Jüngste in der Familie stellt vier Fragen, unter anderem, weshalb sich diese Nacht von allen anderen Nächten unterscheidet. Dann folgt das eigentliche Abendessen. Während der Sederzeremonie werden in einem bestimmten Abstand vier Gläser Wein getrunken, die daran erinnern sollen, dass Gott die Jüdinnen und Juden aus Ägypten herausgeführt, gerettet, erlöst und als eigenes Volk angenommen hat. Ein fünftes Glas beziehungsweise ein Becher und auch ein Sessel stehen für den Propheten Elijahu bereit, der erwartet wird, um das Kommen des Messias anzukündigen. In reformierten jüdischen Gemeinden steht auch ein Glas für Miriam, die Schwester von Mose, bereit.

Auf dem Sedertisch befinden sich auch drei besondere Matzot – meist sind es die beschriebenen Matzot Shmura, die durch eine Serviette oder ein besonderes, manchmal auch besticktes oder verziertes Matzot-Tuch getrennt sind. Auch diese dienen als Symbole: Sie repräsentieren die *Kohanim* (die Tempelpriester), die *Leviten* (die Tempeldiener) und das Volk Israel.

---

* Arik Brauer: Die Brauer Haggada, Amalthea, Wien 2014.

Matzot (ungesäuertes Brot)

Auch davon wird ein Stück gegessen. Ein weiteres Stück, der *Afikoman* (aramäisch: »vor uns herausziehen«), wird versteckt.

Nach dem Festessen wird dieses Stück versteckte Matze gesucht, dafür bekommen die Kinder, die es zu Beginn des Nachtmahls verstecken, ein kleines Geschenk. In vielen Familien verstecken auch die Erwachsenen den Afikoman und die Kinder müssen ihn suchen. Eine wunderbare Idee, um die Kinder für diesen langen Abend wach zu halten. Es folgen Segenssprüche und Dankesgebete für die Befreiung aus der Sklaverei, gefolgt vom traditionellen Wunsch: »Nächstes Jahr in Jerusalem«.

Dieser Wunsch drückt die Hoffnung nach der Ankunft des jüdischen Volkes in Jerusalem als Ziel der – heute auch im übertragenen Sinne spirituellen – Reise von Ägypten ins Gelobte Land aus.

Jedes Jahr gewinnen wir neue Eindrücke, denn wir feiern Pessach oft mit Freunden, die aus anderen Kulturkreisen kommen. So lernen wir neue Gesänge kennen und erleben einen frischen, intensiveren Blick auf die Geschichte des Auszugs aus Ägypten und all der Wunder, die sich ereigneten und ermöglicht haben, dass das jüdische Volk diese Herausforderung, aber auch noch viel Schlimmeres in der Geschichte überleben konnte.

Am Ende dieses Abends, nach dem man wochenlange, intensive Hausarbeiten hinter sich hat, die vor allem für die Frauen in der Familie eine Herausforderung bedeuten, denke ich an das enorme Glück, das uns durch die Freiheit, in der wir heute in unserem Land leben können, beschieden ist. In Frieden und Demokratie zu leben, ist keine Selbstverständlichkeit. Daran zu denken und dankbar für diesen Umstand zu sein, ist eine der wichtigsten Ideen von Pessach. Ein freier, selbstbestimmter Mensch zu sein, der aus seinem Leben das Beste macht, ist ein wichtiger jüdischer Grundsatz, der meine Gedanken am Ende des Sederabends bestimmt.

Wenn man aus irgendeinem Grund an der Teilnahme am Seder gehindert ist, darf Pessach einen Monat später nachgefeiert werden (*Pessach sheni:* »zweites Pessach«, auch »kleines Pessach« genannt). Dieses zweite Pessach dauert nur einen Tag, an dem das Verbot von Gesäuertem nicht gilt. Matzot dürfen gegessen werden.

Pessach beginnt im Frühling nach dem Luach, dem jüdischen Kalender, am Vorabend des 15. Nissan, einem Tag des Vollmonds. Die ersten beiden Tage mit den feierlichen Sederabenden sind Feiertage (in Israel nur ein Tag), die anderen Tage gelten als *Chol haMoed* (*Chol:* Wochentag, *Moed:* Festtag), als Zwischentage, an denen Arbeit erlaubt ist. Pessach gehörte neben Shawuot, dem Wochenfest, und Sukkot, dem Laubhüttenfest, zu den drei Wallfahrtsfesten, an denen die Jüdinnen und Juden zum Tempelberg in Jerusalem pilgerten.

Am letzten Pessachtag wird mit dem *Jiskor*-Gebet der Verstorbenen gedacht, ein Gebet, das auch zu Shawuot, Jom Kippur und Shemini Atzeret gesprochen wird. Hier nehmen Gläubige teil, deren Eltern bereits verstorben sind. Wenn die Eltern noch leben, verlässt man vor diesem Gebet die Synagoge und kommt nachher wieder zurück zum Gottesdienst.

Die Erinnerung an den Auszug aus Ägypten zu Pessach stellt auch einen wichtigen Faktor zur Stärkung der jüdischen Identität dar. Zusammenhalt in der Familie, Zusammenhalt unter Jüdinnen und Juden, Zusammenhalt innerhalb der Gemeinde, auch und vor allem in schwierigen Zeiten – der Wunsch für eine ideale Welt.

Rezepte für Pessach

Zu Pessach darf man nichts Gesäuertes essen, daher greift man auf Matzemehl zurück, das in allen koscheren Supermärkten in Wien erhältlich ist. Dort findet man auch alle Produkte, die für Pessach notwendig sind und nichts Gesäuertes enthalten dürfen, bis hin zur koscheren Zahnpasta! Die Supermärkte stellen ihr Sortiment für die Pessach-Woche um, das heißt, alle Produkte, die Zutaten enthalten, die gären können, sind nicht erhältlich. Und bitte finden Sie bei den Matzekneidl einen besonderen Tipp von mir. Als berufstätige Mutter habe ich mir, wenn es nötig war, mit Fertigprodukten geholfen, allerdings nur, wenn die Qualität dementsprechend war. Also bitte: Wenn wenig Zeit ist, versuchen Sie, sich die Aufgaben, die Ihnen das Leben stellt, zu erleichtern.

> Mein Tipp: Ich koche die Matzekneidl in einer klaren Gemüsesuppe anstatt in Wasser.

Matzekneidl

Zutaten
4 Eier (Raumtemperatur)
1/3 Cup Öl
½ Cup Sodawasser
½ Cup Matzemehl (in koscheren Supermärkten erhältlich)
Prise Salz, evtl. Pfeffer
Heißes Wasser zum Kochen

Eier, Öl und Sodawasser vermischen, Matzemehl dazugeben, mit Salz und Pfeffer abschmecken und mit einer Gabel verrühren, bis alles verbunden ist, nicht überrühren! 30–60 Minuten im Kühlschrank ruhen lassen. Heißes Wasser zum Kochen bringen, Hände in kaltes Wasser tauchen und aus dem Kneidl-Gemisch kleine Knöderl formen. Nach jedem Knöderl die Hände in das kalte Wasser tauchen. Die Knöderl ins heiße Wasser geben und etwa 30 Minuten kochen (je nach Größe). Sie sollten nicht zu weich, aber auch nicht zu hart sein.

Ganz ehrlich, ich habe bereits verschiedene Fertigprodukte, d.h. Matzekneidl-Mixe ausprobiert, und sie sind wirklich köstlich – hier vermischt man den Inhalt eines Beutels mit 2 Eiern und lässt sie ca. 20 Minuten kochen. Den Matzeball-Mix findet man von verschiedenen Firmen in den koscheren Supermärkten Wiens.

Le Dor wa Dor – von Generation zu Generation

Charosset für den Sederteller

Zutaten
6 Datteln
1 Apfel
50 g Nüsse
2 Stamperl Rotwein oder roter
 Traubensaft

Von meinem Mann Martin Engelberg

Die Datteln entkernen, in Hälften schneiden. Den Apfel schälen, entkernen und vierteln.

Alle Zutaten in den Mixer geben, etwas Rotwein oder Traubensaft zugeben. Das Charosset soll eine »lehmartige« Konsistenz haben, da es ja an die Ziegel erinnern soll, die die Juden in Ägypten als Sklaven herstellen mussten.

Le Chaim!

Apfel-Matze-Kigel

Zutaten

4 große Äpfel (Granny Smith), würfelig geschnitten
½ Tasse brauner Zucker
¼ Tasse Orangensaft
6 Matzot
1 Tasse lauwarmes Wasser
8 Eier
1 TL Salz
1 TL Zimt
1 ½ Tassen Zucker
8 EL Butter
1 Tasse Rosinen
1 Tasse getrocknete Marillen, geschnetzelt
Etwas Butter

Backrohr auf 170 °C vorheizen. Die Äpfel mit braunem Zucker und Orangensaft vermischen.

Matzot in kleine Würfel brechen und in einer Tasse lauwarmem Wasser weich, aber nicht zu weich werden lassen. Eier schaumig schlagen, Salz, Zimt, Zucker, geschmolzene Butter, Rosinen und Marillen dazugeben.

Matzot ausdrücken und zu der Eiermischung geben, gut vermischen und in eine gefettete Form geben, Butterflocken darauf verteilen.

Den Kigel für eine Stunde backen (wenn die Oberfläche zu braun wird, mit etwas Folie abdecken), herausnehmen und auskühlen lassen.

Der Kigel kann bereits zwei Tage im Voraus gemacht werden. Dann sollte er zugedeckt im Kühlschrank aufbewahrt werden, danach auf Raumtemperatur gebracht und bei 170 °C aufgewärmt werden.

Beliebt bei unserer ganzen Familie

Schokoladentorte für Pessach

Zutaten

125 g Zucker
6 Eier
65 g Schokolade
125 g Mandeln

Eines unserer absoluten Lieblingsrezepte

Das Backrohr auf ca. 170 °C vorheizen. Die Eier trennen, das Eiweiß steif schlagen. Zucker und Eigelb mit dem Handmixer schaumig rühren, die geriebene Schokolade nebst Mandeln und den Eischnee daruntermengen, die Masse in eine Tortenform füllen und im mäßig heißen Ofen 1–1,5 Stunden backen. Nach dem Erkalten kann man die Torte nach Belieben mit Marmelade oder Creme füllen oder nur mit einer Schokoladenglasur überziehen.

Le Chaim!

Karottenkuchen für Pessach

Zutaten

6 Eier
200 g Zucker
250 g fein geriebene Karotten
250 g gemahlene Haselnüsse

Das Backrohr auf 170 °C vorheizen. Die Eier trennen, das Eiweiß steif schlagen. Eigelb mit Zucker schaumig rühren, Karotten und Nüsse hinzufügen. Zum Schluss das steif geschlagene Eiweiß unterziehen. Eine Tortenform mit Backpapier auslegen und ca. 1 Stunde bei 170 °C backen.

Für meine Tochter Racheli, die unsere Pionierin in Sachen gesunde Ernährung war.

Rut im Feld des Boas. Gemälde von Julius Schnorr von Carolsfeld, 1828

Le Chaim!

Geschenke Gottes

Lag ba Omer und Shawuot

Lag ba Omer
Das Fest, das nach Pessach stattfindet, ist Shawuot. Dazwischen liegen 49 Tage, in denen *Omer* (Garben) gezählt werden. Pessach erinnert nicht nur an die Befreiung der Jüdinnen und Juden aus der ägyptischen Sklaverei, sondern gilt auch als Dankesfest für die ersten Früchte des Jahres. Die ersten Garben wurden in den Tempel gebracht: »**Wenn ihr in das Land kommt, das ich euch gebe, und wenn ihr dort die Ernte einbringt, sollt ihr dem Priester die erste Garbe eurer Ernte bringen.**« (3. Buch Mose 23, 10). Jeden Abend zählt man die Omer-Tage *(Sefirat Omer)*, auf Jiddisch nennt man diese Zeit *Sfire Zat* (Sefirat-Zeit). Man beginnt mit den Worten: »Heute sind es zwei Tage, … Heute sind es drei Tage« und so weiter. Dieses bewusste Zählen macht uns darauf aufmerksam, wie kostbar die Zeit ist, und dass man jeden Tag die Möglichkeit hat, diesen intensiv und vor allem sinnvoll zu füllen.

> **Bar-Kochba-Aufstand**: angeführt von Shimon Bar Kochba im 2. Jahrhundert gegen das Römische Reich unter Kaiser Hadrian.

In der Zeit des Omer-Zählens ereigneten sich im Lauf der Jahrhunderte zahlreiche Katastrophen. In der Folge des sogenannten Bar-Kochba-Aufstandes gegen die Römer zwischen 132 und 136 n. d. Z. starben 24 000 Schüler des bedeutenden Gelehrten Rabbi Akiba durch eine Epidemie.

> **Rabbi Akiba**: bedeutender jüdischer Gelehrter, der im 2. Jahrhundert als Märtyrer unter Kaiser Hadrian getötet wurde.

Im 11. Jahrhundert fielen viele Jüdinnen und Juden während der Kreuzzüge den Kreuzrittern zum Opfer. In der Omer-Zeit fand auch der Aufstand im Warschauer Ghetto und dessen brutale Niederschlagung statt. In dieser Zeit werden keine Freudenfeste (Hochzeiten et cetera) gefeiert und Männer rasieren sich nicht, da es eine Zeit der Trauer ist, die aber nicht in der Tora festgeschrieben ist.

Eine Ausnahme stellt der 33. Omer-Tag dar. An diesem Tag, dem Lag ba Omer, soll das Sterben der Schüler von Rabbi Akiba ein Ende gefunden haben, daher sind Hochzeiten zu Lag ba Omer erlaubt.

Lag ba Omer wird in Israel und auch in allen Teilen der Welt in jüdischen Gemeinden fröhlich gefeiert. Es ist ein Halbfeiertag, an dem gearbeitet werden darf. An diesem Tag wird auch ein Schüler von Rabbi Akiba, Shimon ben Jochai gefeiert, der an diesem Datum geboren, geheiratet haben und gestorben sein soll. Deshalb kommen an Lag ba Omer viele Menschen an seinem Grab am Berg Meron zusammen, man feiert dort gemeinsam. 2021 kam es allerdings an diesem Freudentag genau am Berg Meron zu einer Katastrophe, als bei einer Massenpanik 45 Menschen zu Tode kamen und 150 verletzt wurden.

> **Shimon ben Jochai:** lebte im 2. Jahrhundert; ihm werden zahlreiche wichtige Werke zugeschrieben, unter anderem eine bedeutende kabbalistische Schrift, der *Zohar*.

Zu Lag ba Omer finden nicht nur Hochzeiten, sondern auch das *Upsherin* (Opscheren), beziehungs-

Robert Liska bei der Chalaka seines Sohnes David im Kindergarten Tempelgasse

weise die *Chalaka* statt. Buben werden im Alter von drei Jahren erstmals die Haare geschnitten, ab diesem Zeitpunkt tragen sie eine Kippa. Auch das wird am Lag ba Omer zelebriert. Picknicks werden veranstaltet, Lagerfeuer entzündet.

Shawuot

Sieben Wochen nach Pessach findet Shawuot, das Wochenfest, statt. Es ist die Zeit der ersten Getreideernte. Dieses Fest erinnert an mehrere Geschenke, die das jüdische Volk bekommen hat: die Übergabe der Tora durch Gott, sein Bund mit dem Volk Israel und die Ernte, die Gott uns zugestanden hat. Laut der Überlieferung hatte Moses die Steintafeln mit den Zehn Geboten zerschlagen, als er sah, dass das Volk Israel das Goldene Kalb anbetete. Daraufhin stieg er nochmals auf den Berg Sinai und bat darum, die Zehn Gebote nochmals zu erhalten. Auch hier gibt es laut Tora einen göttlichen Auftrag, dass alle späteren Generationen in diesen Bund mit Gott einbezogen werden sollen. So heißt es im fünften Buch Mose: »**Und nicht mit euch allein stelle ich diesen Bund fest und diesen Eid, sondern mit dem, der hier mit uns heute steht vor dem Ewigen, unserem Gotte, und mit dem, der nicht hier mit uns heute ist.**« (5. Buch Mose 29, 13–14).

Wir feiern also den Erhalt der Tora auf dem Berg Sinai, der zu diesem Zeitpunkt mit duftenden Blüten bedeckt gewesen sein soll, sowie den Bund mit Gott. Die Synagoge und die Wohnung oder das Haus werden aus diesem Grund zu Shawuot mit Blumen geschmückt.

In der ersten Nacht von Shawuot bleiben viele Menschen wach, um die Tora zu studieren, genauer gesagt ein bestimmtes Buch, das verschiedenste Bibelstellen, beziehungsweise einen Teil der 613 *Mitzwot* beinhaltet, also jener 248 Gebote und 365 Verbote, die orthodox lebende Jüdinnen und Juden strikt einhalten.

Weshalb liest man eigentlich in der Nacht und nicht untertags? Es heißt, dass die Jüdinnen und Juden geschlafen haben sollen, als Gott ihnen die Tora geben wollte. Gott selbst musste sie wecken. Aus diesem Grund wird in heutiger Zeit in der Nacht gelernt. Wir erneuern damit den Bund mit Gott, indem wir die Tora lesen und uns auch die Wichtigkeit der Zehn Gebote vor Augen halten. Meine jüngste Tochter berichtete mir von einer speziellen Nachtlehreinheit zu Shawuot: Sie durfte mit anderen Studentinnen und Studenten in der israelischen Wüste bei Mitzpe Ramon hauptsächlich aus Covid-Gründen im Freien lernen – unter einem unglaublichen Sternenhimmel.

Symbolische Ketuba für Shawuot

Zu Pessach und Shawuot wird in der Synagoge auch das Jiskor-Gebet gesprochen, das an unsere verstorbenen Eltern und Vorfahren erinnert. Beim Gottesdienst wird außerdem aus dem Buch Rut gelesen. Rut war die Urgroßmutter von König David, der zu Shawuot geboren wurde und auch zu Shawuot gestorben ist. Rut war zum Judentum übergetreten und trat leidenschaftlich für ihre Religion ein. Auch ein wichtiges Symbol, denn am Berg Sinai waren alle Jüdinnen und Juden Konvertiten, da sie die Tora mit all ihren Geboten und Verboten akzeptiert hatten. Ein wunderbarer Spruch aus dem Buch Rut lautet: »**Wohin du gehst, dahin gehe auch ich, und wo du bleibst, da bleibe auch ich. Dein Volk ist mein Volk, und dein Gott ist mein Gott.**« Sie spricht diese Worte zu ihrer verwitweten Schwiegermutter Noomi und zieht mit ihr nach Israel. Im Buch Rut geht es auch um die Ernte, bei der sie ihren späteren Mann Boas trifft. Dieser Spruch aus dem Buch Rut zeigt das Engagement Ruts für das Judentum und für ihre Familie; Rut stellt für mich ein großartiges Sinnbild einer mutigen und engagierten Frau dar.

Zu Shawuot isst man milchige und süße Speisen, da die Tora mit Honig und Milch verglichen wird. Im Hohelied Salomos 4, 11 heißt es: »**... Milch und Honig ist unter deiner Zunge.**« Und in der Tora heißt es: »**Und ich bin herniedergefahren, dass ich sie errette aus der Ägypter Hand und sie herausführe aus diesem Lande in ein gutes und weites Land, in ein Land, darin Milch und Honig fließt.**« (2. Buch Mose 3, 8). Insgesamt kommen Milch und Honig sechzehnmal in der Tora vor.

Milch heißt auf Hebräisch *Chalaw*. Diese Buchstaben ergeben im Hebräischen zusammen den Zahlenwert 40. Moses hat 40 Tage und Nächte auf dem Berg Sinai gewartet, bis er die Gesetzestafeln bekam. Außerdem wurden durch die Tora die Gebote der *Kashrut*, des koscheren Essens, bekannt. Das heißt, alles Geschirr, das zuvor verwendet worden war, musste speziell gereinigt werden. Daher aß man Milchprodukte und Gemüse, bis alles gereinigt war. Shawuot ist *mein* Feiertag. Da ich vegetarisch lebe und Käse und Milchprodukte liebe, fällt mir das Kochen hier besonders leicht.

Shawuot. Gemälde von Moritz Daniel Oppenheim, 1880

Rezepte für Lag ba Omer und Shawuot

Zu Shawuot isst man milchig, das heißt, auf Fleisch wird eher verzichtet. Ich liebe diesen Feiertag, da ich vegetarisch lebe. Fleischgerichte haben im Judentum eine wichtige Rolle, sie stehen bei jedem Feiertag auf dem Menü, denn sie erinnern an die Opferungen im Tempel in Jerusalem. Tiere wurden als Opfer dargebracht, deren Fleisch dann gegessen wurde. Nach dem Erhalt der Tora am Berg Sinai wurden auch die koscheren Speisegesetze bekannt. Daher mussten die Jüdinnen und Juden zunächst milchig essen und dann erst lernen, wie man das Geschirr vor dem Fleischverzehr reinigen muss.

Lag-ba-Omer-Thunfischsalat

Zutaten
2 Dosen Thunfisch
1 große Dose Mais
½ großes Glas süß-saure Gurkerl
Mayonnaise
Salz

Öl oder Flüssigkeit aus der Thunfischdose abgießen, Thunfisch in eine große Schüssel geben und etwas zerkleinern (Debbie wollte immer, dass gar keine größeren Stückchen im Thunfischsalat bleiben). Den abgetropften Mais dazugeben, Gurkerl in kleine Würfel schneiden, ebenfalls dazugeben, mit Mayonnaise abschmecken und evtl. salzen.

Essen wir übrigens während des ganzen Jahres – einfach und köstlich

Mango-Minz-Huhn für Lag ba Omer

Zutaten
6 Hühnerbrüste

Für die Marinade:
¾ Cup Olivenöl
¼ Cup Limettensaft
1 TL brauner Zucker
1 Schalotte fein gehackt
½ TL Kreuzkümmel
1 TL Limettenschale, Salz, Pfeffer

Für die Mango-Salsa:
1 Cup Mango, gewürfelt
½ Cup rote Zwiebel, gewürfelt
2 EL frische Minze, gehackt
1 EL Limettensaft, frisch gepresst

Alle Zutaten der Marinade vermischen, nach Geschmack abschmecken. Gewaschene Hühnerbrüste in einer Form aufteilen, Marinade darüber gießen und 2–4 Stunden im Kühlschrank marinieren, Hühnerstücke zwischendurch mehrmals umdrehen. Währenddessen alle Salsa-Zutaten mischen. Hühnerstücke aus der Marinade nehmen und 7–10 Minuten auf jeder Seite braten (ich ziehe hohe Hitze vor) oder grillen, mit der Mango-Salsa servieren. Man kann dieses Gericht (die Hühnerbrüste in kleine Würfel geschnitten) übrigens auch in eine Pita füllen und mit der Hand essen.

Topfen-Apfel-Lokschenkigl für Shawuot

Zutaten

3 Eigelb
3 Löffel Zucker
2 Cups Topfen
1 Cup Milch
3 EL weiche Butter
5 Äpfel, gerieben
6 klein geschnittene Zwetschken
 (können auch Dörrzwetschken sein)
Rosinen (je nach Geschmack)
400 g Nudeln, gekocht
3 Eiweiß
2 TL Zimt
6 TL Staubzucker

Das Backrohr auf 150 °C vorheizen. Das Eigelb mit dem Zucker in einer großen Schüssel cremig verrühren, den Topfen, die Milch und die weiche Butter dazugeben, danach die Äpfel, Zwetschken und ggf. Rosinen ebenfalls unterrühren. Die gekochten Nudeln abtropfen lassen und zur Masse dazugeben. Das Eiweiß schlagen und den steifen Eischnee unterheben. Die Masse in eine gefettete Form füllen, die Oberfläche ausgiebig mit Zucker-Zimt-Gemisch bestreuen und mit zerlassener Butter beträufeln. 30 bis 40 Minuten backen.

Le Chaim!

Cheesecake ohne Backen für Shawuot

Zutaten

- 2 Packungen Graham Crackers oder Butterkekse
- 11 EL Butter geschmolzen
- 2 TL Zucker
- 500 g Cream Cheese bzw. Frischkäse (oder Doppelrahmkäse) in Raumtemperatur
- 1 ¼ Cups gesüßte Kondensmilch
- ¼ Cup Zitronensaft
- 1 TL Vanilleextrakt

Graham Crackers oder Butterkekse in einen Plastikbeutel mit Zipper geben, zumachen und mit einem Nudelwalker zerkleinern, bis sie fein bröselig sind.

Die Brösel in eine Schüssel geben, Zucker und Butter dazugeben und gut vermengen. Die Masse in eine Tortenform geben, flach drücken, auf den Seiten in die Höhe verteilen und für 10 Minuten gefrieren lassen.

Den Cream Cheese in einer großen Schüssel mit dem Mixer weich schlagen. Die Kondensmilch nach und nach dazugeben und weiter rühren. Zitronensaft und Vanille einrühren. In den eiskalten Kuchenboden geben, schön verteilen, mit Plastikfolie zudecken und 2 ½–3 Stunden im Kühlschrank rasten lassen. Danach die Springform öffnen und servieren.

Blintzes für Shawuot

Zutaten

Für den Teig:
3 Eier
½ TL Salz
100 g Mehl
325 ml Milch
15 g weiche Butter
Butter für die Pfanne

Für die Topfenfüllung:
500 g Topfen
1 Ei
40 g Staubzucker
30 g Mehl
½ TL Salz

Für die Fruchtfüllung:
500 g Früchte (Heidelbeeren, Kirschen oder geschälte Pfirsiche)
1 EL Zitronensaft
45 g Mehl
35 g Zucker

Für die Fruchtsoße:
750 g Beeren
1 EL Zitronensaft
65 g Zucker

Fast wie dickere Palatschinken!

Für die Blintzes alle Zutaten in einer Schüssel zu einem glatten Teig verrühren, sodass sich keine Klumpen bilden. Pfanne mit etwas Butter gut erhitzen. Einen größeren Schöpfer Teig in die Pfanne geben und schwenken, sodass der Boden gleichmäßig bedeckt ist. Den Teig auf einer Seite braten. Sobald er goldbraun gefärbt ist, mit der gebratenen Seite nach oben auf ein sauberes Geschirrtuch legen. Eines nach dem anderen auf einer Seite braten und immer mit der gebratenen Seite nach oben aufeinanderstapeln.

Für die Topfenfüllung alle Zutaten miteinander verrühren.

Für die Fruchtfüllung die Früchte in einen Topf geben und bei mittlerer Flamme fünf Minuten lang schmoren. Nun Zitronensaft dazugeben und das Mehl langsam unterrühren. Den Zucker langsam dazugeben und die Masse zehn Minuten lang köcheln lassen, vom Herd nehmen und abkühlen lassen, bevor sie in die Blintzes kommt.

Die Blintzes können nun gefüllt und fertig gebacken werden: Einen gehäuften EL Füllung auf das untere Drittel der gebratenen Seite eines der Blintzes geben. Das obere Ende darüber klappen, die Seiten einklappen und einrollen. In einer größeren Pfanne etwas Butter zergehen lassen und die Päckchen von beiden Seiten goldbraun und leicht knusprig braten.

Für die Fruchtsoße alle Zutaten bei kleiner Flamme zum Kochen bringen, zudecken und ein paar Minuten köcheln lassen. Die fertigen Blintzes warm servieren. Bei einer Fruchtfüllung etwas Sauerrahm, bei einer Topfenfüllung etwas Fruchtsoße dazu reichen.

Le Chaim!

Lehren für Gegenwart und Zukunft

Tisha be Aw und weitere Fasttage

Fasttage spielen im religiösen Judentum eine große Rolle. Sie sollen uns daran erinnern, dass sehr oft aus falschem Verhalten oder auch Zwist und Streitigkeiten untereinander großes Unglück entstanden ist und wir daraus Lehren für die Gegenwart und Zukunft ziehen sollten.

40 Tage nach Shawuot beginnt am 17. Tammus (*Shiwa Assar be Tammus*) eine dreiwöchige Trauerzeit. Der 17. Tammus ist ein Fasttag. An diesem Tag soll Moses aus Ärger über den Tanz um das Goldene Kalb die Steintafeln mit den zehn Geboten zerbrochen haben. An diesem Tag im Jahr 69 n. d. Z. soll es auch den römischen Truppen gelungen sein, die Jerusalemer Stadtmauer zu durchbrechen. Drei Wochen später, am 9. Aw, eroberten sie die Stadt endgültig und zerstörten daraufhin auch den Tempel. Am 17. Tammus fastet man von Tagesanbruch bis zum Einbruch der Nacht.

Als mein Sohn Sammy geboren wurde, fand seine *Brit Mila* (Beschneidung) an einen 17. Tammus statt, das heißt, wir mussten mit der Zeremonie und vor allem mit der anschließenden Feier bis nach Einbruch der Nacht warten. An diese Stunden werde ich mich mein Leben lang erinnern. Jeder Fasttag bedeutet nicht nur nichts zu essen, sondern auch, viel zu reflektieren. Im Fall unseres freudigen Erlebnisses kam daher der Gedanke auf, dass wir im Leben mit wunderbaren Ereignissen belohnt werden, uns aber gleichzeitig bewusst sein muss, dass das nicht immer so sein kann.

Besonders die drei Wochen, die auf den 17. Tammus folgen, sind eine Zeit der Besinnung. Nach dem jüdischen Religionsgesetz, der *Halacha*, rasiert man sich nicht, es soll keine unterhaltenden oder vergnüglichen Ereignisse geben, man heiratet nicht und genießt kein Fleisch oder Wein (außer am Shabbat). Man zieht in keine neue Wohnung und kauft auch keine neue Kleidung. Diese Tage werden auch Tage der Bedrängnis genannt, da es damals den Römern gelang, Jerusalem zu erobern und zu verheeren. So heißt es in den Klageliedern 1, 3–4: »**Gefangen ist Juda im Elend, in harter Knechtschaft. Nun weilt sie unter den Völkern und findet nicht Ruhe. All ihre Verfolgten holten sie ein mitten in der Bedrängnis. Die Wege nach Zion trauern.**«

Am Tisha be Aw (dem 9. Aw) wird an die Zerstörung des ersten und zweiten Tempels in Jerusalem erinnert und diese beklagt. Der erste Tempel, den König Salomon gebaut hatte und der mehr als 400 Jahre existierte, wurde im sechsten Jahrhundert v. d. Z. durch die Babylonier zerstört. Nach der Rückkehr der Jüdinnen und Juden aus dem babylonischen Exil wurde der Tempel durch Herodes in größter Pracht neu aufgebaut. Auch dieser zweite Tempel wurde zerstört, im Jahr 70 unserer Zeitrechnung. Heute ist nur noch ein kleiner Teil der Westmauer existent, die sogenannte Klagemauer. Am 9. Aw ereigneten sich allerdings noch mehrere andere katastrophale Ereignisse in der jüdischen Geschichte: An diesem Tag im Jahr 1290 wurden die Jüdinnen und Juden aus England vertrieben, am 9. Aw 1492 aus Spanien, 1942 begannen die Transporte aus dem Warschauer Ghetto. Daher gilt der 9. Aw als Tag der Trauer für das jüdische Volk.

Am Tisha be Aw gelten dieselben strengen Gesetze wie zum höchsten Fasttag, Jom Kippur. Auch hier wird 24 Stunden lang gefastet, man trägt keine Lederschuhe (dazu mehr im Kapitel zu Jom Kippur), man darf sich nicht waschen, auch Geschlechtsverkehr ist verboten. Wie in Zeiten der Trauer soll man nicht Tora lernen, man soll sich durch nichts von der Trauer ablenken, nichts Genussvolles tun, keine neuen Kleider anziehen und niemanden grüßen. Sollte man gegrüßt werden, erwidert man den Gruß leise. Vor dem Fasten isst man ein hart gekochtes Ei, das in etwas Asche getaucht wird, das erinnert an die verbrannten Überreste des Tempels. In der Synagoge ist es düster, man liest die Klagelieder und Trauergedichte. Laut Jerusalemer Talmud soll der Messias an einem 9. Aw geboren werden.*

Im jüdischen Kalender finden sich noch weitere Fasttage, die hauptsächlich an die Zerstörung des Tempels erinnern: *Tzom Gedalia* (findet nach dem jüdischen Neujahr statt und erinnert an die

---

* Jerusalemer Talmud, Berachot 2, 4; Eichah Rabbah 1, 51.

Erinnerung an die Zerstörung. Gemälde von Leopold Pilichowski, 1925

Ermordung des jüdischen Statthalters, dem Babylonier Gedalia, durch einen anderen Juden über einen politischen Streit), *Assara be Tewet* (10. Tewet, an dem die Belagerung Jerusalems durch Nebukadnezar 425 v. d. Z. begann) oder das Esther-Fasten vor Purim (Esther bat die Jüdinnen und Juden darum zu fasten, bevor sie vor König Achashwerosh trat). Im Judentum unterscheidet man zwischen den beiden hohen Fasttagen mit vielen zusätzlichen Einschränkungen, Jom Kippur und Tisha be Aw, sowie den oben genannten weiteren Fasttagen, an denen »nur« gefastet und auch kürzer gefastet wird, nämlich von Tagesanbruch bis zum Einbruch der Nacht. Jeder Jude, jede Jüdin entscheidet selbst über die Einhaltung des Fastens, allerdings darf man keinesfalls die eigene Gesundheit aufs Spiel setzen. Das ist ein wesentliches Gebot. Jeder dieser Tage soll ein Tag des Innehaltens und der Hoffnung sein, der Hoffnung darauf, dass sich alles Schlechte, das uns geschieht, im Lauf der Zeit auch wieder in Positives umwandeln kann.

Le Chaim!

Die hohen Feiertage im Herbst

Rosh haShana, Jom Kippur, Sukkot und Simchat Tora

Rosh haShana
Der Herbst im jüdischen Kalender ist durch einen wahren Feiertagsmarathon gekennzeichnet. Im September feiern Jüdinnen und Juden auf der ganzen Welt das jüdische Neujahrsfest Rosh haShana. Rosh heißt Kopf, Shana heißt Jahr, wörtlich übersetzt: »Kopf des Jahres«.

Im Judentum werden die Jahre ab dem Zeitpunkt der Schöpfung der Welt gezählt, die im Jahr 3761 v. d. Z. angesetzt wurde. Dadurch befinden wir uns laut dem jüdischen Kalender bereits im sechsten Jahrtausend.

Das Neujahrsfest dauert zwei Tage, an denen wir uns an die Schöpfungsgeschichte erinnern. Genauer gesagt an den sechsten Tag, an die Krönung der Schöpfung: die Erschaffung des Menschen, Adam und Eva. **»Und Gott schuf also den Menschen als sein Abbild, als Abbild Gottes schuf er ihn. Als Mann und Frau schuf er sie.«** (1. Buch Mose 1, 27).

Über die Erschaffung des Menschen, in welcher Form und Abfolge, wird seit Jahrhunderten philosophiert und diskutiert, zahllose Witze sind dazu entstanden. Mein Lieblingswitz ist folgender:

> Eva beschwert sich bei Adam, wieso er nachts erst spät schlafen geht. Sie fragt ihn: »Hast du eine andere?« Adam antwortet: »Mein Schatz, du bist die einzige, sogar die einzige auf der ganzen Welt!« In der Nacht wacht Adam auf, weil ihn jemand auf die Brust klopft, es ist Eva. Adam fragt, »Was machst du?« Darauf Eva: »Ich habe deine Rippen gezählt …«

In jedem Fall kann man Rosh haShana also auch als den Geburtstag der Menschheit bezeichnen. Es ist ein Jahrestag des Anfangs, denn an diesem Tag sollen unsere Stammväter geboren worden sein; zwei unserer Stammmütter, Sara und Rachel, die lange kinderlos waren, sollen an diesem Tag von ihrer Schwangerschaft erfahren haben. Und Josef wurde nach zwölf

Jahren an einem Rosh haShana aus der Gefangenschaft freigelassen.

Rosh haShana wird zwei Tage lang gefeiert, am ersten und am zweiten Tishrei, obwohl in der Tora nur von einem Tag die Rede ist: »**Im siebten Monat, am ersten Tag des Monats, ist für euch Ruhetag, in Erinnerung gerufen durch Lärmblasen, eine heilige Versammlung.**« (3. Buch Mose 23, 24).

Zum »Lärmblasen« muss gesagt werden, dass Rosh haShana auch als *Jom Trua*, Tag des Shofarblasens, bezeichnet wird. Es ist ein Feiertag, den man in der Synagoge verbringt. Vor allem soll man beim Gottesdienst die Töne des *Shofars* hören. Das Shofar ist das Horn eines Widders, das wie Trompeten- oder Posaunenschall bei der Krönung eines Königs oder einer Königin ertönt. Mein Sohn hatte schon als kleiner Bub eine unglaubliche Gabe, das Shofar zu blasen. Es sieht leicht aus, ist aber unglaublich schwierig, da man kräftigen Atem braucht. Das Widderhorn erinnert uns an die Prüfung Abrahams, der seinen Sohn Isaak hätte opfern sollen, stattdessen aber dann einen Widder opferte.

Eine Besonderheit zeichnet Rosh haShana zusätzlich aus: das *Tashlich*-Gebet, das auf einen jahrhundertealten Brauch zurückgeht. Die Gemeinde versammelt sich am Nachmittag des ersten Rosh haShana-Tages an einem fließenden Gewässer und spricht am Ufer das Gebet, in dem man symbolisch die Sünden, die man begangen hat, abschüttelt. Hier heißt es im Tanach, im Buch der Propheten (Micha 7, 18–19): »**Du wirst Dich aufs Neue über uns erbarmen und alle unsere Sünden zunichtemachen. Unsere Sünden wirfst Du in die Tiefen des Meeres.**« Man wirft Brösel aus den Taschen in das Wasser. Die Brösel symbolisieren die Sünden, die man begangen hat. Man macht sozusa-

Tashlich-Gebet zu Rosh haShana am Donaukanal

gen reinen Tisch für das neue Jahr. Zu Rosh haShana kann man diesen Brauch in Wien nachvollziehen, wenn man zum Donaukanal geht. Hier finden diese Tashlich-Gebete an verschiedenen Stellen statt. Die Wiener jüdischen Gemeinden kommen an unterschiedlichen Stellen des Kanals zusammen und verrichten dort (jede Gemeinde für sich) gemeinsam ihre Gebete.

Die Ursache, dass dieser Feiertag überall (auch in Israel) zwei Tage lang dauert, liegt in der Geschichte. Bevor es den Kalender gab, mussten Zeugen über den ersten Neumond Bericht erstatten, nur konnten sie nicht immer zeitgerecht eintreffen. Um sicherzugehen, dass man nicht den falschen Tag erwischt und die Heiligkeit dieses Tages nicht missachtet, wurden zwei Feiertage eingeführt, die allerdings haushaltstechnisch als ein Tag gelten, das heißt, es darf an diesen beiden Tagen nicht gekocht werden.

Das weiße Zopfbrot, die Challa oder das Barches, wird zu Rosh haShana rund geflochten. Das symbolisiert den Kreislauf des Jahres und des Lebens. Wir tauchen nach dem Segen das Brot zum

Neujahrsfest nicht in Salz, sondern in Honig. Honig ist überhaupt das beherrschende Lebensmittel zu Rosh haShana; er findet sich auf dem festlich gedeckten Tisch und in vielen Speisen, die wir zubereiten. Die Bienen, die uns den Honig ermöglichen, sind durch ihre Stacheln furchterregend und gleichzeitig liefern sie uns Menschen eine köstliche Nahrung. Dies soll uns an Gott erinnern.

Zu Neujahr isst man süße Speisen. Wir tauchen Äpfel und Brot in Honig, damit das neue Jahr süß und angenehm wird. Und wir essen Granatäpfel, weil sie angeblich 613 Kerne haben. 613 ist die Zahl der Gebote und Verbote, die Juden erfüllen sollen. Auf dem Neujahrstisch ist meistens auch ein Fischkopf zu finden, ein Symbol dafür, dass uns der Kopf näher sein soll als der Unterleib.

Immer wieder wird die Vermutung laut, dass der Wunsch nach einem »guten Rutsch ins neue Jahr« seinen Ursprung im Wort Rosh haben soll. Auch hier gibt es heftige Diskussionen zwischen Befürwortern und Gegnern dieser These. Den österreichischen Schriftsteller Hans Weigel hat der »Rutsch« prinzipiell zur Weißglut gebracht. Er bezeichnete ihn als »teuflische Ausgeburt der Sprachbarbarei«.*

---

* Hans Weigel: Die Leiden der jungen Wörter, Zürich und München 1974.

Le Chaim!

Jom Kippur

Rosh haShana gilt nicht nur als Beginn des neuen Jahres, sondern auch als eine Zeit der Rückschau und eines Blickes in die Zukunft, eine Zeit des Reflektierens, des Bilanzziehens. Wir verbringen im Anschluss an das Neujahrsfest zehn Bußtage, die in unserem höchsten Feiertag gipfeln, Jom Kippur. In dieser Zeit versucht man, Streit, Konflikte und Probleme aus der Welt zu schaffen. In diesen Tagen soll man sich auch bei Menschen, die man vielleicht gekränkt oder verletzt hat, entschuldigen. Es sind Tage der Reue. Man wünscht einander, dass einem im Buch des Lebens ein gutes Jahr eingeschrieben sei: »Gmar chatima towa« – »Möge deine Einschreibung in das Buch des Lebens gut sein.« Denn Gott sitzt in diesen Tagen über uns zu Gericht und entscheidet unser Schicksal für das nächste Jahr. Es gibt drei Bücher, eines für die guten Menschen, eines für die schlechten und das dritte für jene, die sich noch verbessern können.

Bis etwa 70 n. d. Z. wurden die Sünden der Gemeinde symbolisch auf einen Ziegenbock geladen. Dieser wurde dann in die Wüste geschickt, um damit die Sünden zu »verjagen«. Daher kommt auch der

Darstellung des Kaparot zu Jom Kippur

Begriff des »Sündenbocks«. Manche orthodoxe Jüdinnen und Juden praktizieren den Brauch des *Kaparot*, bei dem ein Huhn über den Kopf geschwungen wird – die Sünden sollen so auf das Huhn übergehen. Das Huhn wird danach geschlachtet und an bedürftige Menschen gespendet.

Auch Jom Kippur bietet Anlass für Humor (vorher oder nachher, versteht sich). Blum trifft am Versöhnungstag Jom Kippur seinen Konkurrenten Löw im Bethaus. Gewillt, mit ihm Frieden zu schließen, streckt er ihm die Hand entgegen und sagt: »Ich wünsche dir dasselbe, was du mir wünschst!« – »Fängst du schon wieder an!« erwidert Löw gekränkt.

Le Chaim!

Die hohen Feiertage im Herbst

Die Vorbereitungen für Jom Kippur laufen in den letzten Stunden auf Hochtouren. Man bereitet sich auf diesen wichtigsten Tag der Buße und Reue vor; spirituelle Reinigung in der Mikwe kann auf dem Programm stehen. Jedenfalls findet vor dem 25-stündigen Fasten, zu dem man sich »Tzom kal«, ein leichtes Fasten wünscht, ein gemeinsames Essen und das Entzünden der Kerzen mit speziellen Segenssprüchen statt, bevor man sich am Abend in die Synagoge begibt. Hier findet das wichtige Gebet *Kol Nidre* (»Alle Gelübde«) statt, zu dem die Gläubigen eilen, denn man soll nicht zu spät kommen. Alle Versprechungen gegenüber Gott werden aufgelöst. In allen Synagogen weltweit singen die Kantoren, beziehungsweise Rabbiner inbrünstig dieses Gebet.

An diesem Abend und am darauffolgenden Tag sind die Gebetsräume so voll, wie selten an anderen Feiertagen, da auch das Jiskor-Gebet für die verstorbenen Eltern und Vorfahren stattfindet. In Wien haben wir das Privileg, nicht nur inspirierende Rabbiner, sondern auch einen wunderbaren Oberkantor hören zu dürfen. Dies erleichtert das Fasten und die Konzentration auf das Gebet.

Der Versöhnungstag Jom Kippur ist der höchste jüdische Feiertag. Neben dem Fasten gelten daher zahlreiche andere Regeln, die es streng einzuhalten gilt (siehe Kapitel über die Fasttage). Man soll sich auf das Gebet konzentrieren, es darf keine Zerstreuung oder Ablenkung geben. Das Verbot, Lederschuhe zu tragen, stammt aus einer Zeit, wo Lederschuhe als bequem galten. In ihnen konnte man die Steine auf dem Weg nicht mehr fühlen, und zu Jom Kippur soll man sich kasteien. Heute trägt man meist Sneakers beim Besuch der Synagoge zu Jom Kippur. Obwohl diese wohl viel bequemer sind als Lederschuhe …

Für meine Kinder war es aufregend, zum ersten Mal zu fasten. Nach der *Bat Mitzwa* oder *Bar Mitzwa*, also mit zwölf oder 13 Jahren, gelten Jüdinnen und Juden im religiösen Sinn als Erwachsene und nehmen dieselben Pflichten wahr. Das Wichtigste ist allerdings, die Gesundheit nicht zu gefährden! In die Synagoge nehme ich zu Jom Kippur immer eine Orange mit, in die wir Gewürznelken stecken, das Riechen an Düften zur Erleichterung des Fastens ist nämlich erlaubt.

Der Feiertag endet mit dem Blasen des Shofar-Horns, dessen

tiefer, durchdringender Klang die Gläubigen seit dem Neujahrstag begleitet und uns aufrütteln soll. Alle Gläubigen wenden sich einander zu und wünschen sich ein gutes und süßes neues Jahr: »Shana towa umetuka!« Nach dem langen Fasten eilen auch wir wie alle anderen nach Hause zum »Ausfasten«, einem besonders angenehmen kleinen Nachtmahl im Kreise unserer Familie und Freunde.

Sukkot

Zu den Feiertagen im Herbst gehört auch Sukkot, das Laubhüttenfest. Es ist ein Freudenfest, an dem man sich für die Ernte bedankt, aber auch für die Früchte, die uns das Leben geschenkt hat. Es erinnert auch an die 40-jährige Wanderung der Israeliten durch die Wüste: **»Sieben Tage lang sollt ihr in Hütten wohnen. Alle Einheimischen in Israel sollen in Hütten wohnen, damit eure künftigen Generationen wissen, dass ich die Israeliten in Hütten wohnen ließ, als ich sie aus Ägypten herausführte.«** (3. Buch Mose 23, 43).

Auch hier wird betont, dass die späteren Generationen diese Geschichte kennen sollen. Jüdische Familien bauen eine *Sukka* (Laubhütte) im Hof oder auf dem Balkon, essen während der sieben Tage des Festes darin und laden Freunde und Gäste ein. Wir hatten zur großen Freude meiner Kinder auch eine Mini-Popup-Sukka nur für sie.

Die Sukka wird festlich und fröhlich geschmückt. Am Bau und dem Schmuck der Laubhütten beteiligen sich immer viele. In Österreich ist es ratsam, sich zu

Innenansicht der Sukka im Maimonides-Zentrum

Le Chaim!

Die hohen Feiertage im Herbst

Kinder bringen einen Lulaw ins Jüdische Museum Wien.

Sukkot warm anzuziehen, denn meist ist es um diese Jahreszeit schon beträchtlich kalt, wenn man abends in der Laubhütte zum Essen zusammenkommt. Das Dach der Sukka besteht nämlich nur aus grünen Zweigen, durch die man die Sonne und die Sterne sehen soll. Es soll an die provisorische Behausung in der Wüste erinnern. Auch dieses Fest ist wie andere Feiertage im jüdischen Jahreskreis eng mit der Landwirtschaft verbunden. Hier wird ein Feststrauß als Symbol verwendet, der *Lulaw*. Er wird aus dem *Etrog* (eine Zitronenart), einem Palmzweig, einem Myrtenzweig und Bachweidenzweigen zusammengebunden. Jeder dieser Teile hat eine symbolische Bedeutung und erfüllt einen anderen Zweck (zum Beispiel Geruch oder Geschmack) und soll an die unterschiedlichen Charaktere der Menschen erinnern und daran, dass einer für den anderen einsteht. Man nimmt diesen Feststrauß mit in die Synagoge und schüttelt ihn bei bestimmten Gebeten.

Zum Abschluss von Sukkot wird der Shemini Atzeret (achter Tag, auch Schlusstag) gefeiert und für Regen gebetet. Mit diesem Tag und mit Simchat Tora am nächsten Tag (in der Diaspora, den jüdischen Gemeinden in aller Welt) endet Sukkot. In Israel findet beides an einem Tag statt. Am ersten und am letzten Tag von Sukkot darf man nicht arbeiten, dazwischen gibt es – wie zu Pessach – Halbfeiertage, an denen Arbeit erlaubt ist.

Szenen zum Laubhüttenfest Sukkot

Die hohen Feiertage im Herbst

Simchat Tora

Mit dem Fest der Gesetzesfreude Simchat Tora endet der herbstliche Festkreis. In der Synagoge werden alle Torarollen aus dem Aron haKodesh, dem Toraschrank, herausgehoben, es finden fröhliche Umzüge *(Hakafot)* mit den Torarollen statt. Man beginnt den Jahreszyklus wieder, indem die letzte und die erste Geschichte der Tora im Gottesdienst vorgelesen werden. Diese Abschnitte in der Synagoge lesen zu dürfen, bedeutet eine besondere Ehre.

Das Judentum ist eine freudvolle Religion. Über all der Freude dürfen wir aber nicht bequem und teilnahmslos werden. Man soll sich nicht auf seinen Lorbeeren ausruhen und bei aller Freude auch immer wieder unsere Zerbrechlichkeit und Verletzlichkeit im Bewusstsein haben. Jüdinnen und Juden waren oft – gezwungenermaßen – auf Wanderschaft. Diese symbolisiert, dass das Leben niemals stillsteht, dass es ständig in Bewegung ist. Daher begehen wir als Familie diese Feiertage alljährlich mit großer Freude. Sie sind für uns auch eine Gelegenheit, gemeinsam zu reflektieren, zusammen zu sein und aufeinander

einzugehen – in der großen Hoffnung, dass unsere Kinder diese Tradition auch einmal an ihre Kinder weitergeben werden.

Le Chaim!

Lauder Business School: Simchat-Tora-Feier in der Ohel Avraham Synagogue

Rezepte für Rosh haShana

Zu Rosh haShana essen wir Gerichte mit Honig, denn wir hoffen auf ein süßes und gutes neues Jahr. Das neue Jahr soll uns eine Fülle an guten Ereignissen bringen, daher kann man auch gefüllte Speisen anbieten. Und wir essen Früchte, die wir in diesem Jahr noch nicht gegessen haben.

Le Chaim!

Honig-Soja-Lachs

Nach dem Rezept meiner Schwägerin Marlene Eltes

Zutaten

60 ml Honig
120 ml Sojasoße
3 EL Orangensaft
2 TL Zitronensaft
Salz, Pfeffer
1 Stück Lachsfilet pro Person
Öl zum Anbraten
1 EL Olivenöl
2 Frühlingszwiebeln, dünn geschnitten (braucht es nicht, doch wenn man Zwiebel mag, bitte dazugeben)
1 TL fein geschnittener, frischer Ingwer
Karotten, in Streifen geschnitten
Schnittlauch (optional)

Das Backrohr auf 175 °C vorheizen.

In der Zwischenzeit für die Marinade den Honig, die Sojasoße, den Orangen- und den Zitronensaft mischen, mit Salz und Pfeffer würzen. Lachsfilets mit der Marinade bestreichen, den Rest auf die Seite stellen (Variante: Filets in der Mischung 2–3 Stunden marinieren). Lachsfilets für 15–20 Minuten im Backrohr garen oder in der Pfanne auf beiden Seiten in wenig Olivenöl anbraten, je nach gewünschter Konsistenz (innen noch etwas rosa) und dabei immer wieder mit der Marinade bestreichen.

Währenddessen die Marinade einkochen, bis sie wie ein Sirup eingedickt ist. Zu den gegrillten oder gebratenen Lachsfilets servieren. Die Karottenstreifen (eventuell mit den Frühlingszwiebeln) in Olivenöl wenden und in einer kleinen Backform für 5 Minuten in das heiße Backrohr geben.

Die Karottenstreifen vor dem Servieren auf den Lachsfilets verteilen und mit Schnittlauch bestreuen.

Honigkarotten

Zutaten
50 g Butter
2 EL Honig
½ TL Rosmarin
½ TL Knoblauchpulver
Salz, Pfeffer
15 Karotten
Thymian (nach Geschmack)

Das Backrohr auf 200 °C vorheizen.

In einem Topf die Butter schmelzen, Honig, Rosmarin und Knoblauchpulver dazugeben und mit Salz und Pfeffer abschmecken. Die Karotten der Länge nach in dickere Streifen schneiden und in eine feuerfeste Form streuen. Die Butter-Honig-Mischung darüber verteilen und umrühren, bis alle Karotten damit bedeckt sind. Die Mischung im Backrohr rösten lassen, bis die Soße karamellisiert.

Nach Wunsch mit Thymian bestreuen.

Zimmes

Zutaten
9 Karotten
4 Süßkartoffeln
180 g Dörrzwetschken,
   klein geschnitten
170 g getrocknete Marillen
60 ml Honig
1 TL Zimt
2 ½ TL Orangenschale
¼ TL Salz
2 EL Zitronensaft
80 ml Orangensaft

Das Backrohr auf 170 °C vorheizen.

Die Karotten in Stücke schneiden. Die Süßkartoffeln insgesamt 20 Minuten kochen, nach zehn Minuten die Karotten dazugeben. Die Süßkartoffel-Karotten-Mischung in ein Sieb leeren und auskühlen lassen. Süßkartoffeln schälen, in Stücke schneiden, mit den Karotten in eine große Schüssel geben und mit allen übrigen Zutaten außer dem Zitronen- und Orangensaft gut vermischen. In eine mittelgroße Porzellanbackform geben, in der man die Zimmes servieren kann. Mit Alufolie zudecken und 60 Minuten backen, nach 15 Minuten mit dem Saft begießen. Aus dem Ofen nehmen und rasch servieren.

Honiglekach

Nach einem Rezept meiner Schwägerin Liliane Kipperman

Zutaten

6 Eier
150 g Zucker
150 g Mehl
1 Päckchen Backpulver
100 ml Pflanzenöl
150 g dunkler Honig
2 TL Kaffeepulver

Das Backrohr auf 180 °C vorheizen.

Eier trennen. Das Eigelb und den Zucker schaumig rühren, nacheinander Mehl, Backpulver, Öl, Honig und das in etwas Wasser aufgelöste Kaffeepulver dazugeben, alles gut vermischen. Das Eiweiß steif schlagen und mit Schneebesen unterheben. Den Teig in eine mit Butter bestrichene Form füllen und für eine Stunde backen.

Le Chaim!

Licht ins Dunkel

Das Ölwunder und das Lichterfest Chanukka

Wenn die dunkle Jahreszeit hereinbricht, sehnt man sich nach Licht und fröhlichem Beisammensein im Kreis der Familie und von Freunden. Exakt in diese Zeit fällt das Lichterfest Chanukka, das alljährlich am 25. Tag des Monats Kislew stattfindet – nach dem gregorianischen Kalender im November/Dezember. Bei diesem Fest, das acht Tage dauert, wird der Wiedereinweihung des zweiten Tempels in Jerusalem im Jahr 164 v. d. Z. gedacht. Chanukka kommt in der Tora nicht vor, da sich die Ereignisse, derer wir in diesen Tagen gedenken, erst später ereignet haben. Seitdem wird Chanukka gefeiert.

Am Anfang der Geschichte steht ein Aufstand. Die Makkabäer (eine Gruppe um den Priester Mattitjahu und seine Söhne) rebellierten erfolgreich gegen die Seleukiden-Dynastie aus Syrien. Diese wollten unter ihrem König Antiochus IV. den Juden die Ausübung ihrer Religion verbieten und entweihten den Tempel durch Götzendienst. Der Kampf endete mit dem Sieg der Makkabäer und der Wiederherstellung des Tempels in Jerusalem.

Der Tempel musste gereinigt und wieder eingeweiht werden. Auch der siebenarmige Tempelleuchter, die *Menora*, sollte neu entzündet werden. An diesem Tag wollte man an das Leben der Juden in der Wüste und an den *Mishkan*, das Stiftzelt, erinnern (eine Art mobiler Tempel), das dort am 25. Kislew aufgestellt wurde, daher wurde Öl für das Entzünden der Menora gebraucht. Allerdings war nur eine kleine Menge Öl übrig, eigentlich nur genug für einen Tag – doch diese kleine Menge reichte wundersamerweise ganze acht Tage. So lange brauchte man, um koscheres Olivenöl herzustellen. Der Feiertag Chanukka erinnert einerseits an das Ölwunder, also daran, dass eine kleine Menge Öl acht Tage lang gebrannt hat, aber auch an den Sieg der Makkabäer, den Sieg von wenigen über ein großes Heer, um die Religion erhalten zu können. Das hebräische Wort Chanukka bedeutet »Einweihung«.

Die Menora ist ein siebenarmiger Leuchter, dessen Anfertigung nach genauen Anweisungen, wie er auszusehen hat, in der Tora gefordert wurde. Diese Menora wurde bereits im Stiftzelt verwendet. Die *Chanukkia* dagegen, der Leuchter, den wir für das Lichterfest verwenden, verfügt über neun Arme: acht für die acht Tage und einen Shamash, die sogenannte Dienerkerze, mit der die anderen Kerzen entzündet werden. Die Kerzen oder Öllichter werden von rechts nach links in die Chanukkia gesetzt, aber von links nach rechts angezündet; so beginnt man jeden Abend mit dem »neuen« Licht. Die Chanukka-Leuchter können verschieden gestaltet sein: aufwendig, einfach, prächtig, aus wertvollen Materialien oder verspielt – für Kinder. Chanukka-Leuchter lassen manchmal auf Grund von Ornamenten oder ihrer Form auch Rückschlüsse auf ihre Herkunft zu, auf den Ort, an dem sie produziert wurden.

Chanukka ist im Judentum kein Hauptfeiertag, man darf an diesen

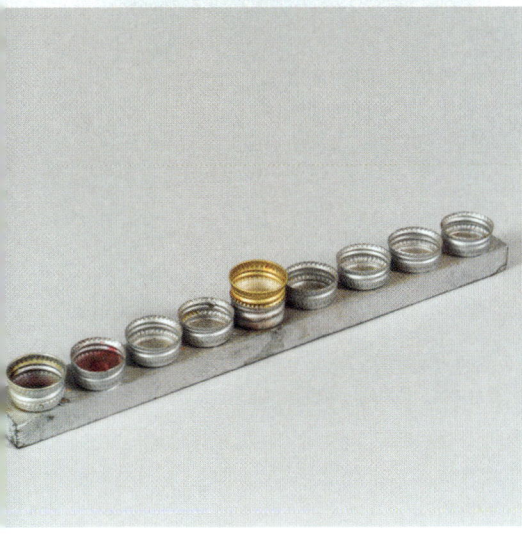

Licht ins Dunkel

Tagen arbeiten. Es ist aber wichtig, sich an den geschichtlichen Hintergrund zu erinnern, den Sieg einer kleinen Gruppe über ein riesiges Heer, um damit die Religion erhalten zu können. An der Erinnerung an das Chanukka-Wunder soll jeder teilhaben. Chanukka ist ein Familienfest, daher sollen die Familienmitglieder gemeinsam die Kerzen oder Öllämpchen für dieses Fest entzünden. Währenddessen soll jede Arbeit ruhen.

Beim Entzünden der Kerzen werden Segenssprüche gesprochen und Lieder gesungen, deren Inhalt das Chanukka-Wunder ist. Zu Chanukka gibt es ein Dreidel-Spiel, das Kinder, aber auch Erwachsene spielen. Ein Kreisel (*Dreidel* oder *Sevivon*) wird gedreht. Auf dessen Seiten ist jeweils ein hebräischer Buchstabe zu sehen: *Nun* (für nichts), *Gimel* (für ganz), *Hej* (für

Rachel Engelberg mit ihrer Cousine Dalia

Le Chaim!

halb) und *Shin* (für stellen). Gespielt wird um Symbolisches: Schokomünzen, Nüsse, Zuckerl, Obst oder um ein Stück Kleingeld. Je nachdem, auf welchen Buchstaben der Dreidel zu liegen kommt, darf man nichts machen, das Ganze an sich nehmen, die Hälfte an sich nehmen oder etwas dazustellen, also etwas einsetzen, um das dann weitergespielt werden kann. Die vier Buchstaben ergeben den Satz: *Nes gadol haja sham!* – »Dort ist ein großes Wunder geschehen!«. Gemeint ist der Sieg über die feindliche Armee und das Wunder mit dem Öl. Die Chanukkia wird entweder am Fenster oder im Türrahmen aufgestellt, damit das Wunder auch nach außen verbreitet wird. Die Erinnerung an die Geschichte mit dem Ölwunder führt auch durch den Magen. Es ist üblich, zu Chanukka in Öl gebackene Speisen zu servieren, zum Beispiel Krapfen *(Sufganijot)* oder Kartoffelpuffer, sogenannte »Latkes«.

Der Sieg der kleinen Gruppe der Makkabäer über das große Heer der Seleukiden schrieb diese Männer als Helden in die Geschichte ein. Daher tragen bis heute viele jüdische Sportvereine den Namen »Makkabi«. Alle 19 Jahre, also fünf Mal in einhundert Jahren, fallen Chanukka und Weihnachten zusammen. Auch, wenn beide Feste außer den Kerzen und den (nicht gerade leichten) Speisen keinerlei gemeinsamen historischen Hintergrund haben, werden in den USA und anderen Ländern von manchen beide Feste gemischt gefeiert. Hier wie dort hält es jede Familie wie sie es selbst versteht, je nach Tradition. Die meisten jüdischen Familien, die ich kenne, feiern ausschließlich Chanukka. So wie wir auch. Immer wieder wurden meine Kinder darauf angesprochen, ob sie sich auf das Christkind freuen, und sie wussten eigentlich nicht, was gemeint war, woraufhin sie dann von den Fragestellerinnen und Fragestellern bedauert wurden. Ich konnte aber beruhigen, denn wir feiern Chanukka mit allem, was

Licht ins Dunkel

dazugehört: Lichter, Familie, Gesang, gutes Essen, und ja, es gab auch winzige Geschenke, als die Kinder noch klein waren.

Aus dem 19. Jahrhundert und Anfang des 20. Jahrhunderts lässt sich durch literarische und andere Quellen vielfach bezeugen, dass jüdische Familien Weihnachten als säkulares Winterfest begingen. Die aus Berlin stammende und nach Wien verheiratete Salonière Fanny von Arnstein (1758–1818) hatte den Brauch des Weihnachtsbaums aus Berlin mitgebracht, und so stand 1814 der erste Weihnachtsbaum in Wien im Salon des jüdischen Haushalts der Familie Arnstein. Der Bericht der Metternich'schen Geheimpolizei zu diesem Ereignis liest sich wie folgt:

»Bei Arnsteins war vorgestern nach Berliner Sitte ein sehr zahlreiches Weihbaum- oder Christbaumfest. Es waren dort Staatskanzler Hardenberg, die Staatsräte Jordan und Hoffmann, Fürst Radziwill, Herr Bartholdy, alle Anverwandten des Hauses. Alle gebetenen, eingeladenen Personen erhielten Geschenke oder Souvenirs vom Christbaum. Es wurden nach Berliner Sitte komische Lieder gesungen ... Fürst Hardenberg amüsierte sich unendlich.«*

Und noch eine Geschichte gibt es dazu: Als der Wiener Oberrabbiner Moritz Güdemann (1835–1918) am Weihnachtsabend 1895 Theodor Herzl besuchte, sah er einen großen Weihnachtsbaum und war darüber natürlich erstaunt, vielleicht auch verärgert, denn Güdemann betrachtete Weihnachten als das Geburtstagsfest von Jesus. Herzls Reaktion

---

* Hilde Spiel: Fanny von Arnstein, Frankfurt a. M. 1962, S. 434.

Le Chaim!

auf Güdemanns Verstimmung über den christlichen Brauch: »Eben zündete ich meinen Kindern den Weihnachtsbaum an, als Güdemann kam. Er schien durch den ›christlichen Brauch‹ verstimmt. Na, drücken lasse ich mich nicht! Na, meinetwegen soll's der Channukabaum heißen – oder die Sonnenwende des Winters?«*

Erich Mühsam (1878–1934), der revolutionäre deutsch-jüdische Schriftsteller, der 1934 im KZ Oranienburg ermordet wurde, schrieb ein Gedicht, in dem er den Weihnachtsursprung mit einem ironischen Blick betrachtet und auf die jüdische Herkunft von Jesus anspielt.**

Heilige Nacht
Geboren ward zu Bethlehem
ein Kindlein aus dem Stamme Sem.
Und ist es auch schon lange her,
seit's in der Krippe lag,
so freun sich doch die Menschen sehr
bis auf den heutigen Tag.
Minister und Agrarier,
Bourgeois und Proletarier
es feiert jeder Arier
zu gleicher Zeit und überall
die Christgeburt im Rindviehstall.
(Das Volk allein, dem es geschah,
das feiert lieber Chanukah.)

Zum Thema Chanukka und Weihnachten ist auch noch etwas bemerkenswert: Einige der bekanntesten Weihnachtslieder wurden von Juden geschrieben. *White Christmas* von Irving Berlin, *Rudolph the Red-Nosed Reindeer* von Johnny Marks, *Let It Snow! Let It Snow! Let It Snow!* von Sammy Cahn und Jule Styne sowie *Walkin' in a Winter Wonderland* von Felix Bernard und Richard B. Smith.

In Wien gibt es seit einigen Jahren auch in der Öffentlichkeit aufgestellte Chanukka-Leuchter, zum Beispiel am Stock-im-Eisen-Platz. Chanukka wird auch deshalb als Lichterfest bezeichnet, weil es Licht in die Zeit der Dunkelheit bringt. Gefeiert wird der Sieg des Lichts über die Kräfte der Finsternis. Es wird gesungen, viel gegessen, fröhlich gefeiert und man wünscht sich »Chanukka Sameach« – ein fröhliches Chanukka.

---

* Theodor Herzl: Briefe und Tagebücher, Band 2, Berlin 1983, S. 288.
** Erich Mühsam: Wüste, Krater, Wolken, Berlin 1914.

Rezepte für Chanukka

Zu Chanukka isst man in Öl gebackene Speisen, zum Beispiel Krapfen oder Kartoffelpuffer. Köstliche Gerichte, leicht verdaulich sind sie aber wahrlich nicht.

Die besten Latkes

Zutaten
1 kg Kartoffeln
Salz, Pfeffer
1–2 Eier
1–2 EL Mehl (meine Mutter sagte immer: »Nach Gefühl …«)
Öl zum Braten
Sauerrahm (gemischt mit klein gehacktem Knoblauch, je nach Geschmack) oder Apfelmus (zum Servieren)

Nach einem Rezept meiner Mutter

ALSO: DA CHANUKKA IST, MACHEN WIR HEUTE **LATKES!**

UND DAFÜR BENÖTIGEN WIR: ZWEI KARTOFFELN, EINE ZWIEBEL, ZWEI EIER, SALZ, PFEFFER, ÖL, APFELMUS, SAURE SAHNE UND – EIGENTLICH AM WICHTIGSTEN..

Le Chaim!

Die Kartoffeln gründlich waschen und schälen, reiben und gut ausdrücken. In eine große Schüssel geben, mit Salz und Pfeffer würzen, ein Ei oder zwei dazugeben, gut verrühren und etwas Mehl dazugeben. Pflanzenöl (etwa 3 cm hoch) in einer großen Pfanne erhitzen. Esslöffelweise das Kartoffelgemisch in das heiße Öl geben, mit einer Gabel etwas auseinanderziehen. Auf beiden Seiten goldbraun braten. Auf einer Küchenrolle das Öl etwas abziehen lassen, im Backrohr warmstellen, bis alle Latkes fertig sind.

Mit Apfelmus oder Sauerrahm (nach Geschmack auch mit Knoblauch) servieren.

Als Variation können auch Zucchini verwendet werden: eine Hälfte Kartoffeln, die andere Hälfte Zucchini. Meine Kinder waren, als sie klein waren, nicht gerade begeistert von den Zucchini – »Mami, gib bitte keinen Salat in die Latkes!« (Für Kinder war jedes grüne Lebensmittel »Salat«). Mittlerweile sind sie große Zucchini-Fans geworden.

Licht ins Dunkel

Schoko-Chip-Torte von Rebbetzin Anette Eisenberg

Zutaten

180 ml Öl
340 g Zucker
2 Eier
6 EL Kakao
1 TL Natron
1 TL Backpulver
240 g Mehl
240 ml Orangensaft
1 Packung Chocolate Chips

Unser Familienfavorit für jeden Feiertag (außer Pessach)

Das Backrohr auf 175 °C vorheizen.

Öl und Zucker mit der Küchenmaschine oder dem Schneebesen gut mischen. Eier, Kakao, Natron und Backpulver ebenfalls gut mischen und zu der Öl-Zucker-Mischung geben. Mehl und Orangensaft abwechselnd dazugeben, das Mehl dabei immer zuletzt. Chocolate Chips unterheben, den Teig in eine gefettete Form geben und die Torte für 45–60 Minuten backen.

Le Chaim!

Erinnerung, Gedenken und der jüdische Valentinstag

Von Jahrzeit bis Tu be Aw

Im Judentum ist das Andenken an die Verstorbenen ein wichtiger Aspekt. So wird die sogenannte Jahrzeit begangen, jener Tag, an dem sich nach dem jüdischen Kalender der Todestag eines nahen Verwandten jährt. Man zündet eine Jahrzeitkerze an, die für 24 Stunden brennt. Wenn möglich, besucht man das Grab und spricht das Kaddish-Gebet im Rahmen der Gebete des Jahrzeit-Tages. Seit dem Mittelalter wird die Jahrzeit in Memorbüchern festgeschrieben. In den Synagogen finden sich Gedenktafeln für verstorbene Mitglieder. Am Todestag brennt ein elektrisches Jahrzeitlicht.

Die Jahrzeit für Vater und Mutter ist eigentlich Teil des vierten der Zehn Gebote, die zweimal in der Tora erwähnt werden: »**Ehre deinen Vater und deine Mutter, damit du lange lebst in dem Land, das der Herr, dein Gott, dir gibt.**« (2. Buch Mose 20, 12); »**Ehre deinen Vater und deine Mutter, wie es dir der Herr, dein Gott, zur Pflicht gemacht hat, damit du lange lebst und es dir gut geht in dem Land, das der Herr, dein Gott, dir gibt.**« (5. Buch Mose 5, 16.) Dieses Gebot besteht auch nach deren Tod weiter. Auch für Ehegatten oder Kinder ist es üblich, Jahrzeit zu halten.

Der Gedenktag Jom haShoa, der an die sechs Millionen im Holocaust ermordeten Jüdinnen und Juden erinnert, wurde 1951 von der Knesset, dem israelischen Parlament beschlossen. Er findet am 27. Nissan des jüdischen Kalenders, also im April statt. 1959 und 1961 wurde das Gesetz novelliert und wird seither als nationaler Feiertag gehalten. Um zehn Uhr steht im gesamten Land das Leben still. Züge und Busse halten an, die Autofahrer steigen aus den Autos aus und auch Passanten bleiben stehen. In der Holocaust-Gedenkstätte Yad Vashem werden stell-

Gedenkkerze zur Jahrzeit von
Kurt Spera

Jahrzeittafel für Jetti Koffler
(folgende Doppelseite)

...RUNG

...rbetag
...ichen feuern

...ofter

...Februar 1921
...nsjahre
... d. M. zur
...bestattet.
... Seele!

...581.

1947	Sontag	23	Februar
1948	Freitag	13	Februar
1949	Freitag	4	März
1950	Mittwoch	20	Februar
1951	Freitag	9	Februar
1952	Freitag	29	Februar
1953	Mittwoch	18	Februar
1954	Montag	6	Februar
1955	Sonnabend	25	Februar
1956	Mittwoch	11	Februar
1957	Montag	4	Februar
1958	Montag	23	Februar
1959	Freitag	11	Februar
1960	Mittwoch	2	März
1961	Montag	19	Februar
1962	Freitag	7	Februar
1963	Mittwoch	27	Februar
1964	Montag	16	Februar
1965	Freitag	5	Februar
1966	Freitag	23	Februar
1967	Montag	13	Februar
1968	Montag	3	März
1969	Freitag	21	Februar
1970	Mittwoch	9	Februar
1971	Montag	28	Februar

Freitag
24

...D ZUVOR ANZUZÜNDEN.

Nachdruck verboten.

Von links, im Uhrzeigersinn: Gedenken an die im Holocaust ermordeten Familienmitglieder zu Jom haShoa; Deborah Engelberg mit israelischer Flagge beim Besuch der Gedenkstätte Auschwitz; Dom der Erinnerung in Yad Vashem; Schuhe am Donauufer, Mahnmal in Budapest; Jüdischer Friedhof Währing

Le Chaim!

Erinnerung, Gedenken und der jüdische Valentinstag

Le Chaim!

Benjamin Netanjahu beim Gedenken zu Jom haShoa

vertretend für die sechs Millionen Opfer sechs Fackeln entzündet. Dies ist eine sehr emotionale Veranstaltung, an der ich bereits mehrmals teilgenommen habe und immer wieder neue berührende Geschichten von Überlebenden hörte. Im israelischen Radio und Fernsehen wird keine Unterhaltung präsentiert, es laufen Dokumentationen zum Holocaust. Die Fahnen in Israel wehen auf Halbmast.

Der Jom haSikaron im Mai ist der Gedenktag für die gefallenen israelischen Soldaten und die Opfer von Terroranschlägen. Am nächsten Tag findet der Unabhängigkeitstag statt, er wurde 1949 als Nationalfeiertag eingeführt. Dass der Jom haSikaron genau einen Tag davor stattfindet, erinnert daran, dass viele Soldaten für die Gründung des Staates ihr Leben lassen mussten. Da in Israel jedes Mädchen und jeder Bursch zum Militärdienst verpflichtet sind, ist der Jom haSikaron für alle Israelis von großer Bedeutung.

Am Unabhängigkeitstag Jom haAtzma'ut wird die Proklamation des Staates Israel fröhlich gefeiert. Israelische Botschaften in vielen Ländern begehen diesen Tag mit eleganten Veranstaltungen – abgesehen von Pandemiezeiten.

Fröhlich wird auch *Tu be Aw* (der 15. Aw, Juli/August) begangen, der wenige Tage nach dem Trauer- und Fasttag Tisha be Aw (dem Jahrestag der Zerstörung des ersten und zweiten Tempels in Jerusalem) stattfindet. Dieser Freudentag ist der Liebe gewidmet und gilt als »jüdischer Valentinstag«. Zu Beginn der Weinlese sollen sich junge Frauen in Weiß gekleidet und in den Weingärten versammelt und bei den Rebstöcken getanzt haben. An diesem Tag wird geheiratet, oder man überrascht seinen Partner mit Blumen, mit Aufmerksamkeit und Verwöhnen (das sollte man natürlich das ganze Jahr über auch tun …). Heute wird in vielen Gemeinden gefeiert, oft mit speziellen Tu-be-Aw-Cocktails, in denen sich Granatapfelsaft, Minze und Limettensaft finden (zu mischen je nach Geschmack!).

Jeder Topf findet seinen Deckel

Hochzeit, Bar Mitzwa/ Bat Mitzwa und Brit Mila

Hochzeit
»Jedes Tepl findt sein Dekl.«*
Auf diesen Spruch hat mich meine liebe Freundin Ruth Block über Jahre hinweg immer wieder hingewiesen. Sie stammte ursprünglich aus einer jüdischen Familie aus Frankfurt, konnte als junges Mädchen mit ihren Eltern zunächst nach Mexiko flüchten und siedelte sich später in Los Angeles an. Das war der einzige Spruch, denn sie in einem angedeuteten Jiddisch aussprach, üblicherweise sprach sie gepflegtes Hochdeutsch. Jeder Topf findet seinen Deckel, meinte sie. Es sei für mich, die ich, weit über 30, frei und ungebunden lebte, längst Zeit zu heiraten, was ich immer mit säuerlicher Miene quittierte. Tatsächlich stand ich dann im Oktober 1994 bei unübertrefflichem Sternenhimmel in Eilat mit meinem zukünftigen Mann unter der *Chuppa*, dem

* Nahum Stutchkoff: Der Oytser fun der Yidisher Shprakh, New York 1950.

Ketuba (links). Hochzeit von Danielle Spera und Martin Engelberg in Eilat 1994 (oben)

Trauungsbaldachin. Einer der schönsten Momente meines Lebens.

Die Ehe nimmt im Judentum einen hohen Stellenwert ein. Im ersten Buch Mose heißt es: »**Es ist nicht gut, dass der Mensch allein bleibt.**« (1. Buch Mose 2, 18). Die Hochzeit *(Chatuna)* gilt im Judentum als eine

Verbindung von zwei verwandten Seelen. Im Talmud lehrt Rabbi Jehuda, dass vierzig Tage vor der Zeugung eines männlichen Embryos eine Stimme vom Himmel aus verkündet, wen er heiraten wird.* Eine weitere Überlieferung stammt aus dem 12. Jahrhundert. Gott habe jede Seele, die vor der Geburt steht, in zwei geteilt, und wenn die beiden sich finden und heiraten, gelangt die Seele zu ihrer Einheit zurück.** Die Hochzeit bedeutet damit viel mehr als einen Akt, sie ist ein spirituelles Ereignis.

Im orthodoxen Judentum hilft ein *Shadchan* oder eine *Shadchanit* (Heiratsvermittler) dabei mit, dass sich zwei Menschen finden, die zueinanderpassen. Im besten Fall findet man seinen oder seine »Beschert«. Der von Gott bestimmte Partner wird einem beschert, also vom Himmel geschickt.

Ein Shadchan oder eine Shadchanit sorgen für einen *Shidduch* (vom hebräischen Wort leshadech: »vorstellen, verhandeln«). Das ist ein Arrangement, bei dem zwei Menschen einander vorgestellt werden, in der Hoffnung, dass sie harmonieren und miteinander glücklich werden. In der Tora wird als erster Shadchan der Knecht von Abraham, Elieser, genannt. Er suchte eine passende Ehefrau für Abrahams Sohn Isaak und fand Riwka (Rebekka).

Eine Verlobung gibt es heute noch im orthodoxen und sefardischen Judentum. Bei den *Tenaim* werden von den beiden Familien die Bedingungen und das Datum der Hochzeit festgelegt. Oft hing es auch von den verschiedenen Gemeinden und dem jeweiligen Brauchtum ab. Nichtsdestotrotz feiern viele junge jüdische Paare heute Verlobungen mit allem, was dazugehört, und oft auch an ungewöhnlichen Orten. So hat unsere Nichte ihren Heiratsantrag auf einer Straße mitten in Tel Aviv erhalten (tatsächlich auf der Straße und nicht auf dem Gehsteig), und mein Sohn hat seine zukünftige Braut an einen Wasserfall gelockt, um sie mit dem Verlobungsring zu überraschen.

Vor der Hochzeit findet der sogenannte Aufruf statt, bei dem der Bräutigam (in reformierten Gemeinden das Brautpaar) in der Synagoge zur Tora gerufen wird. Ähnlich einer Bar Mitzwa oder Bat Mitzwa werden Zuckerl geworfen. Ein Tipp: Bitte weiche Zuckerl werfen, um den Bräutigam zu schonen.

---

* Talmud, Sota 2a, 9.
** Nachmanides (Rambam): Sefer ha-emunah veha-bitachon, Warschau 1877, S. 66.

Jeder Topf findet seinen Deckel

Jedenfalls besuchen die Brautleute unabhängig voneinander die Mikwe, das rituelle Bad. Die Braut wird dabei oft von Freundinnen begleitet. Mit rabbinischer Erlaubnis habe ich diese Handlung ins Meer verlegt. Das war am Vorabend meiner Hochzeit; auch ein besonderes Erlebnis, in der Abenddämmerung im Roten Meer die spirituelle Reinigung vor diesem wichtigen Tag zu erlangen.

Vor der Hochzeit soll sich das künftige Ehepaar nicht sehen – mindestens 24 Stunden nicht, und es wird gefastet. Man spricht von einem kleinen Jom Kippur. Man soll sich in diesen Stunden auf die Seele konzentrieren und nicht auf Körperliches. An einigen Tagen darf allerdings vor der Hochzeit nicht gefastet werden, so zum Beispiel zu Chanukka.

Eine jüdische Hochzeit kann nicht jeden Tag stattfinden. Ausgenommen sind der Shabbat und Feiertage, da man an diesen Tagen nicht schreiben darf. Auch an Trauertagen (Omer-Zeit zwischen Pessach und Shawuot mit Ausnahme von Lag ba Omer) oder an den zehn Bußtagen zwischen dem jüdischen Neujahr Rosh haShana und Jom Kippur, die als Tage der Einkehr gelten, wird nicht geheiratet. Als bester Tag für eine Eheschließung gilt der Dienstag, der dritte Tag der Schöpfung. Hier steht in der Tora zwei Mal: »**Und Gott sah, dass es gut war.**« (siehe Kapitel Kalender, S. 26).

Die Hochzeit selbst sollte unter freiem Himmel stattfinden, soweit das möglich ist. Sonst dienen Festsäle oder die Synagoge als Hochzeitsort. Vor der Trauung gibt es zwei Empfänge, einen für die Braut und einen weiteren für den Bräutigam, da sich das Paar nicht sehen soll.

Im Judentum ist die Absicherung der Frau ein wesentliches Element. Diese wird in der sogenannten *Ketuba*, einer auf Aramäisch verfassten Urkunde, festgehalten. In diesem Ehevertrag sind die Fürsorgepflichten des Ehemannes niedergeschrieben, sowie die finanzielle Absicherung der Frau im Fall einer Scheidung. Der Ehevertrag wird in Anwesenheit des Rabbiners von zwei Zeugen unterzeichnet. Die Ketuba verdeutlicht, dass die Ehe auch eine rechtliche und moralische Verpflichtung darstellt. Die Ketuba erinnert auch an die Gabe der Tora auf dem Berg Sinai und die Verbindung zwischen Mensch und Gott.

Die Braut sitzt auf einem thronähnlichen Sessel und begrüßt die Gäste. Der Bräutigam wird später zur Braut geführt und bedeckt sie mit ihrem Schleier. Dieses »Bede-

Unterzeichnung der Ketuba auf der Hochzeit von Danielle Spera und Martin Engelberg

cken« der Braut hat mehrere Gründe, die in der Tora zu finden sind: Riwka (Rebekka) nahm einen Schleier und bedeckte ihr Gesicht, als sie Isaak traf. Jakob, der eigentlich Rachel heiraten wollte, heiratete stattdessen die verschleierte Lea. Der Bräutigam heiratet die Braut auf Grund ihrer inneren Schönheit. Sie soll eigentlich auch keinen Schmuck tragen, denn man heiratet einander nicht aus materiellen Gründen.

Bei orthodoxen Hochzeiten ist das Brautpaar weiß gekleidet. Der

Bräutigam trägt einen weißen Kittel, das Symbol der Reinheit. Wie zu Jom Kippur werden auch bei einer Hochzeit alle Sünden vergeben.

Der Bräutigam wird von seinen Eltern, die Braut von ihren Eltern begleitet, in orthodoxen Gemeinden wird der Bräutigam von Vater und Schwiegervater, die Braut von Mutter und Schwiegermutter zur Chuppa geleitet. Die Begleitung gleicht einer Eskorte, um den feierlichen Charakter zu unterstreichen und das Paar auf seinem Weg zu unterstützen. Dabei werden Kerzen getragen, damit das Paar immer ein erleuchtetes, fröhliches gemeinsames Leben hat. Die Chuppa ist der Trauungsbaldachin, unter den das Brautpaar tritt. Sie symbolisiert das Haus, in dem sie später wohnen werden, und soll an das Zelt von Abraham und Sara erinnern. Die Chuppa ist nach allen Seiten offen, weil der spätere gemeinsame Wohnort auch immer für Gäste offen sein soll. Der Bräutigam tritt als Erster unter die Chuppa und erwartet dort die Braut. Die Braut umrundet den Bräutigam mehrmals (drei bis sieben Mal) entgegen dem Uhrzeigersinn, um alles Trennende abzuwenden und einen gemeinsamen Raum zu schaffen, in den niemand eindringen soll. Es wird ein Segensspruch über einen Becher Wein gesprochen, Braut und Bräutigam nehmen einen Schluck.

Nach den Segenssprüchen folgt die Vermählung mit einem Ring, den der Bräutigam seiner Braut an den Finger steckt. Während er ihr den Ring ansteckt, spricht er: »**Mit diesem Ring bist du mir angeheiligt nach den Gesetzen von Moses und Israel.**«* Dieser »Verlobungsakt« muss von mindestens zwei koscher lebenden (das heißt, den Shabbat und die Kashrut einhaltenden) Zeugen bezeugt werden, um Gültigkeit zu erhalten. Sollte der Bräutigam auch einen Ring tragen wollen, übergibt ihn die Braut nach der Zeremonie.

Unter der Chuppa verliest der Rabbiner noch die Ketuba, den Ehevertrag. Die Ketuba kann ganz unterschiedlich ausgeführt sein. So gibt es ganz nüchtern abgefasste Eheverträge, sie können aber auch künstlerisch ausgestaltet sein, je nach dem Kulturkreis, aus dem das Paar stammt. Nach sieben Segenssprüchen, die von Verwandten gesprochen werden können, zertritt der Bräutigam ein Glas. Das erinnert an die Zerstörung des Tempels und bedeutet, dass selbst in Zeiten

* Shulchan Aruch, Ewen haEser 27, 1

Das Zertreten des Glases durch den Bräutigam auf der Hochzeit von Danielle Spera und Martin Engelberg

überbordender Freude man sich auch darüber im Klaren sein soll, wie zerbrechlich dieses Glück sein kann und wie sehr man darauf achten soll. Das Brautpaar verbringt anschließend einige Minuten allein, bevor das fröhliche Hochzeitsfest beginnt. Laut Talmud darf selbst das Torastudium für die Teilnahme an einer Hochzeit unterbrochen werden. Ehelosigkeit, wie es sie in anderen Religionen als Vorschrift gibt, zum Beispiel für Priester und Nonnen, kennt das Judentum nicht – dies widerspricht dem Gedanken, dass die Hochzeit eine heilige Handlung und die Ehe eine geheiligte Institution darstellt, die schon in der Schöpfungsgeschichte beschrieben wird. Außerdem gibt es die Verpflichtung zur Vermehrung *(Pru uRewuh)* – ein wichtiges Gebot, das für alle Juden gilt (1. Buch Mose 1, 28).

Selbst wenn man sein Beschert, seinen Seelenverwandten gefunden hat, benötigt die Beziehung Einfühlungsvermögen, Kompromissbereitschaft und Einsatz. Wenn dies scheitert, gibt es im Judentum die Möglichkeit einer Scheidung. Hier ist zunächst eine Bedenkzeit vorgeschrieben. Der Mann kann mittels eines Scheidungsbriefs *(Get)* die Ehe auflösen. Eine Frau muss das Rabbinatsgericht anrufen, denn eigentlich kann sich eine Frau ohne Zustimmung des Mannes nicht scheiden lassen. Die Anrufung des Rabbinatsgerichtes dient dazu, dass

„Get" Ehescheidungs-Prozess vor dem Rabinate.

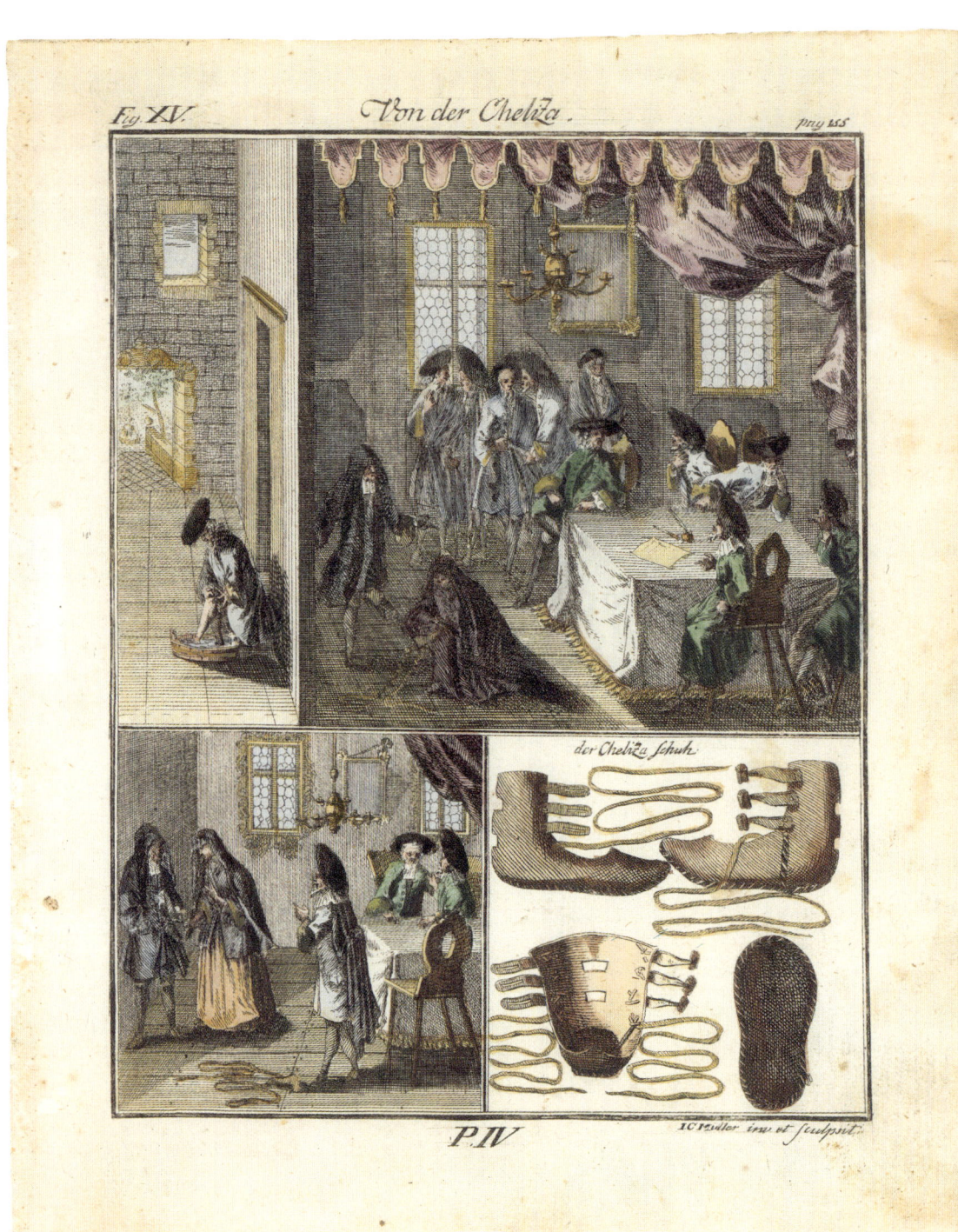

dieses dann auf unterschiedlichste Art Druck auf den Mann ausübt, dass/bis er den Get gibt. Wichtig ist das Einvernehmen der Ehepartner. Die Scheidung sollte der letzte Schritt sein, wenn es tatsächlich keine andere Lösung gibt.

Wenn ein Mann ohne männliche Nachkommen starb, soll laut Tora der Bruder seine Schwägerin heiraten (5. Buch Mose 25, 5): »**Wenn zwei Brüder zusammenwohnen und der eine von ihnen stirbt und keinen Sohn hat, soll die Frau des Verstorbenen nicht die Frau eines fremden Mannes außerhalb der Familie werden. Ihr Schwager soll sich ihrer annehmen, sie heiraten und die Schwagerehe mit ihr vollziehen.**« Wenn der Bruder noch nicht volljährig war, musste die Witwe bis zur Volljährigkeit warten. Für den Fall, dass einer der Beteiligten nicht dazu bereit war, diese Ehe einzugehen, sollte der Brauch der *Chalitza* vollzogen werden (5. Buch Mose 25, 9). Dafür zieht die Witwe dem Schwager einen eigens dafür vorgesehenen Schuh, den Chalitza-Schuh, aus. Damit erhält die Witwe die Freigabe für eine neue Ehe außerhalb der angeheirateten Familie. Dieser Brauch wird heute allerdings kaum mehr vollzogen.

Mein Mann und ich wollten unsere Hochzeit in kleinerem Rahmen begehen und wählten als Ort die Hafenstadt Eilat am Roten Meer, auch, um größerem Rummel auszuweichen. Allerdings holte uns hier der Lauf der Weltpolitik ein: Just zum Zeitpunkt unserer Hochzeit im Oktober 1994 wurde gerade in Eilat der Friedensvertrag zwischen Israel und Jordanien unterzeichnet und Politiker und Presse aus aller Welt überschwemmten die kleine Küstenstadt. Für mich als damalige ORF-Journalistin war es dann gar nicht so leicht, ausnahmsweise einmal nicht dem journalistischen Instinkt nachzugeben.

Der mit uns mitreisende Fotoreporter Harry Weber (1921–2007) gesellte sich aber unmittelbar zum Tross der Journalisten. Harry Weber, der 1938 als junger Mann aus Wien flüchten musste, sich in Palästina der britischen Jewish Brigade anschloss und mit der britischen Armee als Befreier nach Wien zurückkam, um zu erfahren, dass seine Mutter von den Nationalsozialisten ermordet worden und sein Vater völlig traumatisiert in einem DP-Lager gestrandet war, arbeitete zu diesem Zeitpunkt an einer Ausstellung über die Wiener jüdische Gemeinde. Ein Foto fehlte ihm allerdings noch: das von einer

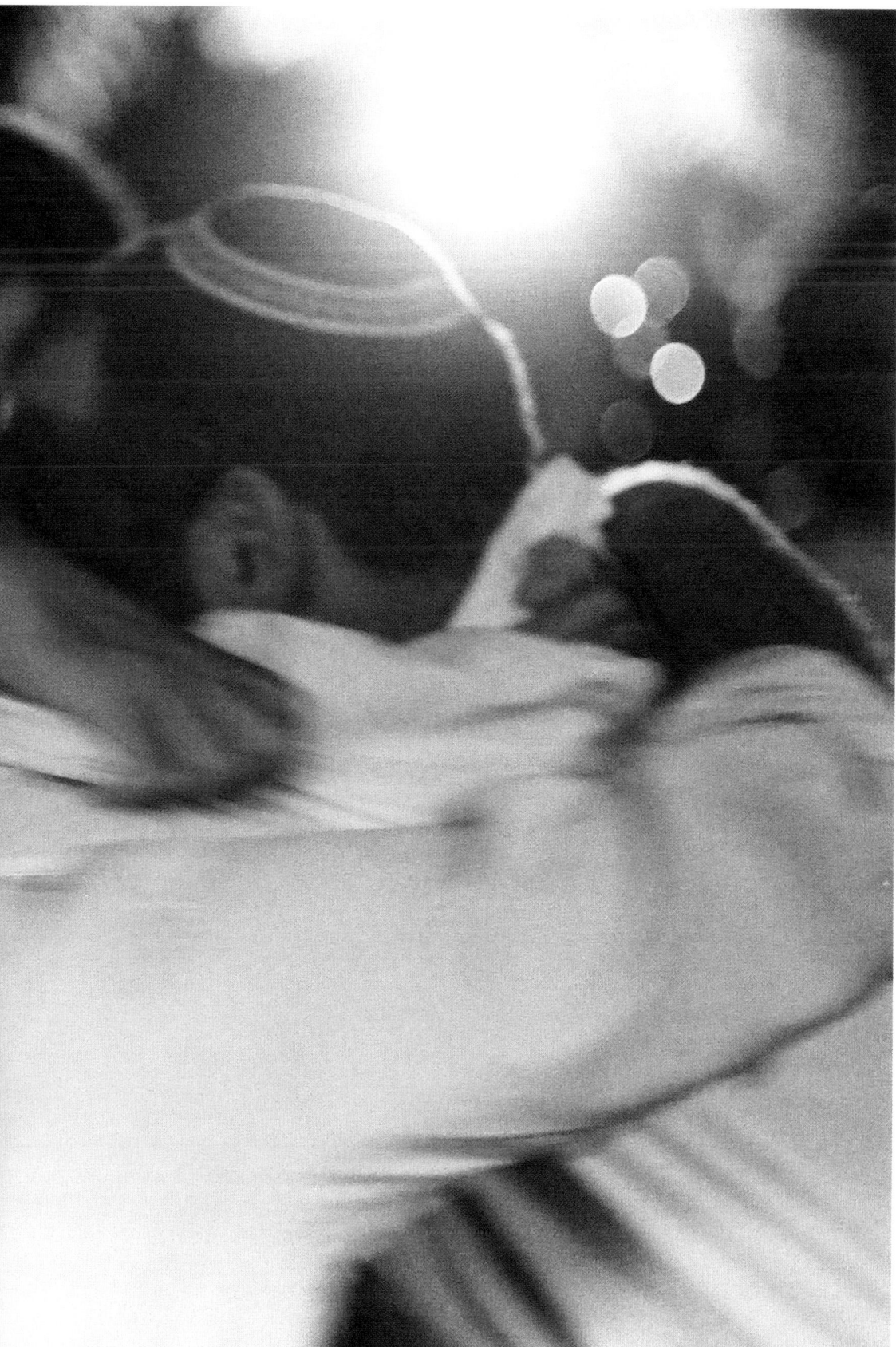

Oberrabbiner Paul Chaim Eisenberg auf der Hochzeit von Danielle Spera und Martin Engelberg

Hochzeit. Auf Vermittlung von Oberrabbiner Paul Chaim Eisenberg lernten wir uns kennen und durch Harry Webers Hartnäckigkeit ließ ich mich überreden, dass er uns auf unserer wichtigen Reise zur Hochzeit (fotografisch) begleitet. Anfangs skeptisch, bin ich bis heute überglücklich über seine großartigen Fotos, die eine wunderbare Erinnerung bedeuten – nicht nur an unseren Freudentag, sondern auch an den großen Fotokünstler, dessen Humor jeden in unserer Hochzeitsgesellschaft ansteckte. Zur Hochzeit hat er uns Folgendes mitgegeben: »Ihr müsst wissen, dass eine glückliche Ehe ein größeres Wunder darstellt als die Teilung des Meeres. Wenn ihr euer Zusammensein pflegt, wird es euch aber immer begleiten.« Wir haben seinen Spruch beherzigt!

Unter dem prächtigen Sternenhimmel von Eilat hat Oberrabbiner Eisenberg unsere Chatuna zelebriert. Er sagte: »Martin hat keinen Knecht Elieser gebraucht, er hat Danielle selbst gefunden.« Und er zitierte aus dem ersten Buch Mose, als Gott zu Abraham sprach: »**Sieh' doch zum Himmel hinauf und zähl die Sterne, wenn du sie zählen kannst. So zahlreich werden deine Nachkommen sein.**« (1. Buch Mose 15, 5).

Le Chaim!

Danielle Spera und Martin Engelberg unter der Chuppa in der Synagoge Budapest

Chuppa in Jaffa

Jeder Topf findet seinen Deckel

Bar Mitzwa/Bat Mitzwa

Tatsächlich waren wir bereits neun Monate später zu dritt, zweieinhalb Jahre danach zu viert und schließlich machte die Geburt unserer jüngsten Tochter uns sieben Jahre später komplett. Das traditionelle Aufwachsen unserer Kinder war uns wichtig. Wir leben die jüdische Tradition mit allen Fest- und Feiertagen. So waren die Beschneidung unseres Sohnes acht Tage nach seiner Geburt und die Feiern zum »Erwachsenwerden« der Kinder für uns alle von zentraler Bedeutung.

Die Bar Mitzwa (Sohn der Pflicht) oder die Bat Mitzwa (Tochter der Pflicht) sind das wichtigste Ereignis im religiösen Leben eines Burschen oder Mädchens. Abgeleitet wird der Zeitpunkt des »Erwachsenwerdens« aus einer Stelle in der Tora, in der Shimon und Levi für ihre Schwester kämpfen. Es heißt im ersten Buch Mose: »**Zwei Söhne Jakobs, Schimon und Levi, ergriffen das Schwert**« (1. Buch Mose 34, 25). Levi war genau an diesem Tag dreizehn Jahre alt geworden. Zurückzuführen soll die Bar Mitzwa im heutigen Sinn auf den Nürnberger Rabbiner Mordechai ben Hillel sein, der Ende des 13. Jahrhunderts im Zuge eines furchtbaren Pogroms in Süddeutschland getötet wurde. Und im Talmud, in den Sprüchen der Väter, heißt es: »**Mit 13 Jahren soll man die Gebote erfüllen.**«*

Ab diesem Zeitpunkt – bei Burschen mit 13 und bei Mädchen mit zwölf Jahren – gelten für sie alle Rechte und Pflichten eines erwachsenen Gemeindemitglieds. Dieser Übergang vom Kind zum Erwachsenen ist an die körperliche Reife gebunden und bedeutet auch, dass man ab diesem Zeitpunkt selbst für sich und seine Taten verantwortlich ist. Die Bar Mitzwa ist eine ernste Angelegenheit, muss sich doch der Bar Mitzwa über Monate hinweg darauf vorbereiten, zum ersten Mal in der Synagoge aus der Tora vorzulesen. In religiös lebenden Familien beginnt das Lernen bereits mit drei Jahren, dies wurde auch in der Familie meines Mannes so gehalten. Am Tag seiner Bar Mitzwa

> **Mordechai ben Hillel** (1250–1298): deutscher Rabbiner und jüdischer Gelehrter, der in Nürnberg wirkte und anlässlich des sogenannten Rintfleisch-Pogroms getötet wurde, dem in Süddeutschland 5000 Jüdinnen und Juden zum Opfer fielen.**

---

* Pirkei Avot 5, 21
** Siehe Leopold Löw: Die Lebensalter in der Jüdischen Literatur, Szegedin 1875, S. 410.

Bar Mitzwa von Samuel Engelberg (Mitte), Martin Engelberg und Shmuel Barzilai

(13. Geburtstag) hält der junge Mann vor versammelter Gemeinde eine Rede zum jeweiligen Abschnitt der Tora. Als »Belohnung« gibt es dann meist ein großes Fest, bei dem fröhlich gefeiert wird. Im Zug der Emanzipation wird seit dem Ende des 19. Jahrhunderts auch die Bat Mitzwa gefeiert. Im Reformjudentum lesen auch Mädchen aus der Tora. In vielen Gemeinden zünden Mädchen in der Synagoge die Kerzen zur Bat Mitzwa an und halten kleine Vorträge oder tragen religiöse Texte vor.

In allen Kulturen und Religionen wird das Leben eines Menschen von Riten und Festen begleitet. Dieses oben erwähnte Talmudtraktat bildet den Rahmen für den jüdischen Lebenszyklus:

Mit fünf Jahren soll man die Heilige Schrift lesen,
mit zehn die Mishna,
mit dreizehn die Gebote erfüllen,
mit fünfzehn den Talmud studieren,
mit achtzehn heiraten.
Mit zwanzig Jahren ist man verantwortlich;
mit dreißig erhält man die Vollkraft,
mit vierzig den Verstand,
mit fünfzig die Gabe des Rates;
mit sechzig kommt die Weisheit;
mit siebzig zu grauem Haar;
mit achtzig erreicht man das hohe Alter;
mit neunzig geht man gebückt.
Der Hundertjährige ist gleichsam tot und der Welt entzogen.

Bat Mitzwa von Deborah Engelberg. Anlegen der Gebetsriemen, Samuel Engelberg und Oberrabbiner Paul Chaim Eisenberg vor der Bar-Mitzwa-Zeremonie (rechts oben).
Bat Mitzwa von Rachel Engelberg (rechts unten).

Die Sprüche der Väter stellen eine unendliche Quelle an Weisheiten für das Leben dar und bedeuten für mich in vielen Situationen eine Inspiration. Tragische und freudige Ereignisse lagen im Judentum oft nah beieinander. Gerade deshalb ist es eine Verpflichtung, das Leben mit all seinen Kostbarkeiten auf das Beste zu nutzen. Oder, um einen Satz aus einem meiner Lieblingsbücher zu zitieren: »Wir werden geboren, um uns unser Königreich selbst zu schaffen.«*

* Robert Musil: Der Mann ohne Eigenschaften, Band 1.

Le Chaim!

Jeder Topf findet seinen Deckel

Brit Mila

Nach der Geburt findet mit der Beschneidung der Eintritt in das Judentum statt. Die Brit Mila (Bund der Beschneidung), die Beschneidung, ist ein Gebot, das seit dem Bund zwischen Gott und Abraham besteht.

»Und Gott sprach zu Abraham: Du aber halte meinen Bund, Du und Deine Nachkommen, Generation um Generation. Dies ist mein Bund zwischen mir und Euch samt Deinen Nachkommen, den ihr halten sollt. Alles was männlich ist unter Euch muss beschnitten werden. Am Fleisch Eurer Vorhaut müsst ihr euch beschneiden lassen. Das soll geschehen zum Zeichen des Bundes zwischen mir und Euch. Alle männlichen Kinder bei Euch müssen, sobald sie acht Tage alt sind, beschnitten werden in jeder Eurer Generationen.« (1. Buch Mose 17, 9–12).

Am achten Tag nach der Geburt wird ein männlicher Säugling beschnitten, außer wenn er krank oder zu schwach ist, dann wird die Beschneidung verschoben. Die Beschneidung wird von einem *Mohel*, einem ausgebildeten Fachmann, oder einem (jüdischen) Arzt durchgeführt, begleitet von Segenssprüchen. Der Säugling wird von einem *Sandak*, dem Paten des Kindes, gehalten, beziehungsweise liegt auf seinem Schoß. Die Beschneidung kann zu Hause, im Krankenhaus oder in der Synagoge stattfinden, anlässlich der Zeremonie erhält der Bub auch seinen Namen. Über die Beschneidung gibt es heftige Debatten, auch wenn in manchen Ländern männliche Säuglinge mehrheitlich aus medizinisch-hygienischen Gründen beschnitten werden, so zum Beispiel in den USA, wo etwa 70 Prozent der Männer beschnitten sind. Im britischen Königshaus sowie im Hochadel ist es seit dem 17. Jahr-

Flakon für die Brit Mila

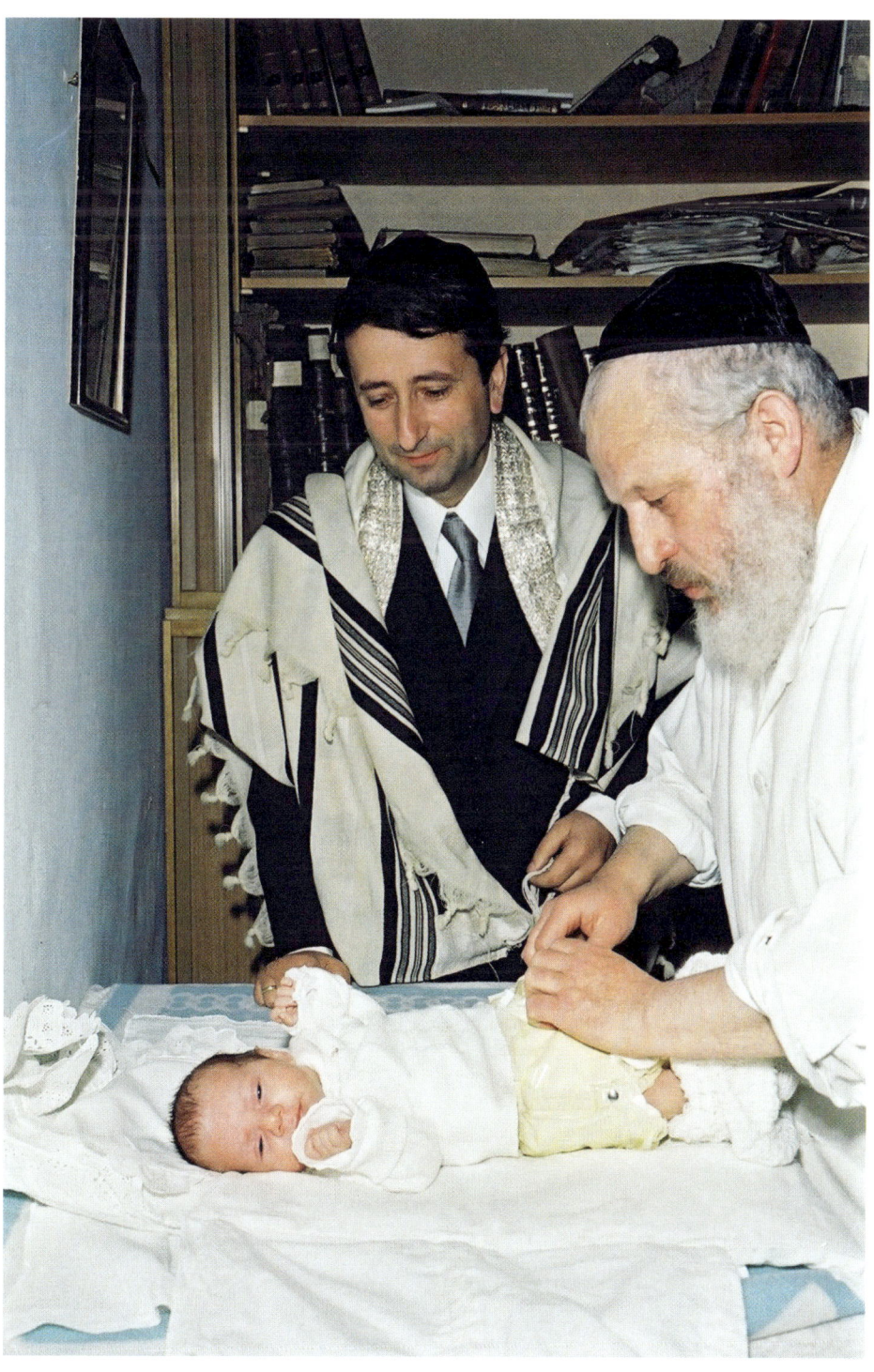

Jeder Topf findet seinen Deckel

hundert üblich, dass die Söhne beschnitten werden. Die Beschneidung von Jesus wurde am achten Tag nach seiner Geburt durchgeführt, das heißt zu Silvester. Im beginnenden Christentum wurde die Beschneidung jedoch bald abgeschafft.

Wie erwähnt fand die Beschneidung unseres Sohnes Sammy an einem 17. Tammus statt, dem Tag, an dem Moses aus Ärger über den Tanz um das Goldene Kalb die Gesetzestafeln zerbrach und an dem einige Jahrhunderte später die Zerstörung des Tempels begann. In Erinnerung daran fasten wir an diesem Tag bis zum Einbruch der Nacht. Daher konnte Sammys Brit Mila auch erst zu diesem Zeitpunkt stattfinden. Wir fanden uns mit Familie, Freundinnen und Freunden im Stadttempel ein. Der Eingriff selbst dauerte wenige Sekunden, dann bekam ich meinen Sohn zum Stillen zurück. Zur Nachbetreuung kam der Mohel zu uns nach Hause, um den Verband zu wechseln, und nach kürzester Zeit war alles verheilt. Auch wenn für mich die Beschneidung außer Frage stand, wählte ich für die Brit Mila einen ganz besonders großen Hut.

Wie bei vielen Themen im Judentum gibt es auch zum Thema Beschneidung einen (mittlerweile uralten) jüdischen Witz. Ein Reisender kommt im Shtetl an einem Geschäft vorbei, in dem eine Uhr in der Auslage liegt. Er betritt das Geschäft und bittet darum, dass seine Uhr repariert wird. Darauf sagt der Inhaber des Geschäfts: »Wir reparieren keine Uhren.« Darauf der Kunde: »Dann bitte, verkaufen Sie mir die Uhr in der Auslage.« Die sei nicht zu kaufen, antwortet der Inhaber. »Warum nicht?«, will der Kunde wissen. »Weil ich der Mohel bin (der rituelle Beschneider der Gemeinde).« – »Wieso befindet sich dann die Uhr im Schaufenster?« Der Mann lächelt milde: »Nu, was soll ich denn sonst in die Auslage legen?«

Jeder Topf findet seinen Deckel

Fragen wird man wohl dürfen

Die kosheren Speisegesetze

Bei der Einhaltung der jüdischen Speisegesetze gibt es im Prinzip kein Pardon und keine Ausnahmen. Dies verdeutlicht ein Witz, der wie jede Art von jüdischem Humor ein Stück Wahrheit und Weisheit enthält:

> Kohn geht in ein Delikatessengeschäft und fragt: »Was kostet der Schinken?« Draußen zieht ein Gewitter auf, im gleichen Augenblick gibt es einen mächtigen Donnerschlag. Kohn erhebt daraufhin beschwichtigend seine Augen zum Himmel und meint: »Nu! Fragen wird man wohl dürfen?«

Festgelegt wurden die jüdischen Speisegesetze *(Kashrut)* in der Tora, den Fünf Büchern Mose. Speisen werden in »koscher« (für den Verzehr erlaubt) und »nicht koscher« (jiddisch: *treife* = unrein) eingeteilt. Dabei geht es in erster Linie um Tiere, die erlaubt und nicht erlaubt sind, um das Verbot, Blut zu verzehren, und um die Aufteilung in fleischige, milchige oder neutrale Speisen. Säugetiere müssen Wiederkäuer sein und gleichzeitig Paarhufer, Geflügel ist koscher. Fische sind nur dann koscher, wenn sie Schuppen und Flossen haben (wie Lachs oder Brasse), Meeresfrüchte sind nicht koscher, wie auch Insekten (eine Ausnahme stellen vier Heuschreckenarten dar), Reptilien oder Amphibien. Koschere Tiere sind keine Raubtiere, auch das ist ein wichtiger Aspekt, da man nicht die schlechten Eigenschaften eines Tieres durch das Essen in sich aufnehmen soll.

Honig ist koscher, und das, obwohl er von unkoscheren Tieren, den Bienen, stammt. Allerdings ist Honig kein unmittelbares Produkt der Biene, sondern stammt aus den Blüten, deren Nektar von den Bienen nur verarbeitet wird. Milch ist koscher, sowie Eier von kosheren Vögeln wie Hühnern. Blut zu sich zu nehmen, ist strengstens verboten. Früchte und Getreide sind koscher, müssen aber frei von Insekten sein. Wein oder Traubensaft müssen ein Koscher-Zertifikat haben, ebenso Lebensmittel, die man im Supermarkt kauft.

Maimonides-Zentrum: Koscheres Essen wird für »Essen auf Rädern« verpackt.

Die Gesetze der Kashrut wurden den Jüdinnen und Juden von Gott durch Moses überbracht, im Lauf der Generationen immer weitergegeben, und sorgen für vielfache rabbinische Diskussionen über jedes auch noch so kleine Detail. Ganz besonders vor Pessach, wo alljährlich heftig darüber diskutiert wird, welche Hülsenfrüchte *(Kitnijot)* auf Grund der strengen Pessach-Gesetze, dass nichts Gesäuertes gegessen werden darf, verboten sind und welche nicht. Hier setzt man sich unter anderem über Mais, Reis, Erbsen, Linsen, Bohnen, Erdnüsse oder Soja auseinander.

Le Chaim!

postmodernen Art, sozusagen à la carte. Sie nehmen daraus, was ihnen wichtig scheint, anderes wieder nicht. Dies ist eine Art zu leben, die heute im Westen in allen Religionen festzustellen ist.

Das Thema koscheres Essen und koscheres Leben – also streng nach der Tradition – sorgt seit Jahrhunderten für Neugier, Diskussionen, bis hin zu Kontroversen bei Menschen, die die jüdischen Speisegesetze für nicht nachvollziehbar oder undurchschaubar halten. Diversität und Vielfalt der koscheren Speisegesetze, der koscheren Küche und vieler weiterer Aspekte jüdischen Lebens gehen im Alltag Hand in Hand.

Jüdisches Leben und jüdischer Alltag basieren auf der Tora und den 613 Mitzwot, den Geboten und Verboten, nach denen gläubige Jüdinnen und Juden ihr Leben richten. Im dritten Buch Mose heißt es: »**Haltet euch heilig, auf dass ihr heilig seid**« (3. Buch Mose 20, 7). Essen soll also nicht etwas Belangloses, Profanes sein, um den Hunger oder ein Lustgefühl zu stillen, sondern es gilt als heilige Angelegenheit. Unreine Speisen sind daher im Judentum tabu.

In der Tora steht genau geschrieben, welche Tiere gegessen werden dürfen und welche nicht: »**Und der**

Wie koscher darf es sein? Heute wird die Einhaltung der Speisegesetze je nach religiöser Ausrichtung gelebt: So halten sich orthodoxe Jüdinnen und Juden streng daran, während reformierte oder säkulare Menschen die Kashrut kaum oder gar nicht beachten oder einhalten. Andere wiederum praktizieren ihr Judentum in einer

Lebensmittelplombe aus der Schiffschul zur Kennzeichnung von koscher geschächtetem Fleisch

Herr redete mit Mose und Aaron und sprach zu ihnen: Redet mit den Kindern Israel und sprecht: Das sind die Tiere, die ihr essen sollt unter allen Tieren auf Erden …« Nach einer detaillierten Aufzählung aller Tiere heißt es: **»Dies ist das Gesetz von den Tieren und Vögeln und allerlei Tieren, die sich regen im Wasser, und allerlei Tieren, die auf Erden schleichen, damit man unterscheide, was unrein und rein ist, und zwischen dem Reinen und Unreinen, zwischen den Tieren, die gegessen, und den Tieren, die nicht gegessen werden dürfen«** (3. Buch Mose 11).

Fleisch zu essen ist dem Menschen seit der Sintflut erlaubt, dadurch soll der Körper gestärkt werden, doch das Fleisch muss auf jeden Fall rein sein, das heißt, es darf nicht von unreinen Tieren stammen, damit auch der eigene Körper rein bleibt. Zusätzlich gilt ein verantwortungsvoller Umgang mit anderen Lebewesen, denn Tiere sind Geschöpfe Gottes.

Der Verzehr von Blut ist strikt verboten. Blut bedeutet Leben. Durch seinen Verzehr könnte die Seele des Lebewesens auf einen selbst übergehen: **»Nur bleibe fest und iss nicht das Blut, denn das Blut ist die Seele, und du sollst nicht die Seele mit dem Fleisch essen«** (5. Buch Mose 12, 23). Fleisch, aber auch Nahrungsmittel, die von Tieren stammen, wie Eier, dürfen keinen Tropfen Blut enthalten. Daher müssen Tiere auf eine bestimmte Weise geschächtet, also koscher geschlachtet werden. Das Tier muss mit einem einzigen Schnitt am Hals getötet werden, damit es möglichst wenig leidet und das Blut aus dem Körper austritt. In einigen Ländern ist das Schächten verboten, beziehungsweise sorgt immer wieder für Diskussionen, dies betrifft auch die Speisegesetze des Islam. Ein Verbot bedeutet einen massiven Einschnitt für das Leben von Jüdinnen und Juden, die nach den Pflichten der Tora leben.

Die koschere Bäckerei *Ohel Moshe* in Wien Leopoldstadt

Koschere Lebensmittel werden in drei Gruppen aufgeteilt: in milchig, fleischig und parve. *Parve* sind neutrale Nahrungsmittel, Obst und Gemüse, Fisch, Brot, Eier und Kuchen, die ohne Milch hergestellt werden. Milchige und fleischige Lebensmittel dürfen nicht vermischt oder zusammen gegessen werden. Zwischen dem Genuss der Speisen gilt eine Wartezeit und es gibt getrenntes Geschirr für milchige oder fleischige Speisen. Auch hier findet sich der Ursprung in der Tora: »**Du sollst das Böcklein nicht in der Milch seiner Mutter kochen**« (2. Buch Mose 23, 19 und 34, 26, sowie 5. Buch Mose 14, 21). Ein maßvoller Umgang mit Fleisch liegt auch in dieser Stelle begründet.

Maßvoll soll auch mit Alkohol umgegangen werden. Wein wird traditionell für den Segensspruch zu Beginn der Feiertage genützt und dient daher einer heiligen Handlung. Darüber hinaus gibt es nur einen

Feiertag, an dem man dem Alkohol frönen, ja sogar über alle Maßen trinken soll: Purim, jener Feiertag, der an die Rettung der persischen Jüdinnen und Juden vor der Vernichtung erinnert (siehe S. 64).

Insgesamt soll der Genuss von Nahrungsmitteln wie eine heilige Handlung gesehen werden. Der Tisch soll koscher, also rein sein und wird für die Feiertage, besonders für den wöchentlichen Shabbat, festlich gedeckt. Die Nahrungsaufnahme wird von Gebeten umrundet. Für die verschiedenen Nahrungsmittel gelten jeweils eigene Segenssprüche. Nicht nur werden vor und nach dem Essen Gebete gesprochen, auch wird während des Essens bei Tisch über die Heilige Schrift und deren Auslegungen diskutiert.

So heißt es in den Sprüchen der Väter: **»Wenn drei an einem Tische essen, ohne von Gottes Wort zu reden, ist es, als ob sie ein Götzenmahl zu sich nähmen, reden sie aber von Gott, dann ist es, als äßen sie am Tische Gottes«***.

Sucht man nach einer rationalen Erklärung für die Kashrut, stößt man immer wieder an rationale Grenzen, auch wenn sich manches durchaus aus der Geschichte argumentieren lässt. Sich an die Kashrut zu halten, hat vor allem mit Respekt vor dem göttlichen Willen, vor der Schöpfung und vor den Lebewesen zu tun. Es ist daher nachvollziehbar, dass im Lauf der Jahrhunderte die Rabbiner und Gelehrten immer wieder davor warnten, dass eine Nichteinhaltung der Kashrut zu Assimilation, Verlust des Zusammenhalts, Verlust der Einheit und schließlich zum Zerfall des jüdischen Volkes führen könnte.

Der bedeutendste jüdische Gelehrte und Arzt Moshe ben Maimon, genannt Maimonides, zog den Schluss, dass alles, was die Tora verboten hat, dem Körper schadet. Alles, was erlaubt ist, nützt dem Körper. Maimonides war der Meinung, die Tora sorge für die Gesundheit aller Menschen. Allerdings könnten einem nach einem üppigen Shabbatessen mit all den köstlichen Speisen manchmal Zweifel überkommen, ob die jüdische Küche tatsächlich immer für Gesundheit sorgt.

Koscher leben bedeutet im Übrigen viel mehr als nur koscheres Essen. Es umfasst neben allen sonstigen Verpflichtungen, Geboten und Verboten auch alle Reinheits- und Hygienevorschriften, an die sich

---

* Pirkei Avot 3, 4

strenggläubige Jüdinnen und Juden halten, von der Reinigung des Körpers (auch in spiritueller Hinsicht) über koschere Perücken, die orthodoxe Frauen tragen, bis hin zu koscheren Briefmarken, deren klebrige Rückseite keine unreinen Materialien enthalten darf, oder auch koschere Handys. Für all diese Regeln findet man heute kreative, der neuesten Technologie angepasste Anwendungshilfen. Koscher-Apps oder Milchig/Fleischig-Apps geben Auskunft über jegliche Fragen zur Kashrut.

Wenn man die Wiener Restaurantszene betrachtet, kann man feststellen, dass koscher und koscher-Style in Wien heute besonders angesagt ist – für jüdische, wie auch für nichtjüdische Gäste. Die Zahl koscherer oder israelisch inspirierter Küche ist in den vergangenen Jahren rasant gestiegen. Gab es früher nur vereinzelt ein koscheres Angebot, findet man heute eine ganze Reihe bestens ausgestatteter koscherer Supermärkte, Fleischhauer, koscherer oder israelisch-orientalischer Caterer. Darüber hinaus bietet die Vinothek von Eddie Ferszt in der Taborstraße mehr als 120 koschere Weinsorten und Spirituosen an.

Israel in Wien findet man kulinarisch in erster Linie in den beiden Lokalen von Eyal Shani, dem *Miznon* (4. Bezirk), berühmt für seinen gegrillten Karfiol, und dem »Seven North« (7. Bezirk) – beide für Gemüseliebhaber ein Paradies – sowie bei Eyal Guy im *Hungry Guy* in der Inneren Stadt. Hier ist gefülltes Pitabrot die Spezialität. Die drei *Maschu-Maschu*-Lokale, die als Pioniere der israelischen Küche in Wien gelten, bieten seit Jahren unter anderem eine breite Palette der klassischen israelischen Vorspeisen an. Haya Molcho, die Frau des Pantomimen Samy Molcho, hat mit ihren Rezepten den Boom der israelischen Küche ausgelöst. Mit ihrem *Neni* am Naschmarkt und Prater und vor allem dem *Tel Aviv Beach* am Donaukanal ist sie aus der coolen Wiener Restaurantszene nicht mehr wegzudenken. Im *Tewa* am Karmelitermarkt kann man den ganzen Tag über israelisch-orientalisch frühstücken und auch sonst einfach genießen. Das *Café Eskeles* im Jüdischen Museum besticht durch seine täglich wechselnde Karte und seine Kreativität, was vegetarisches Essen anbelangt. Vor allem findet man hier die bemerkenswertesten und besonders köstlichen Salatkreationen, sowie hervorragende vegetarische Burger

Herr Kohn hilft Rabbiner Hofmeister beim Keltern von Trauben.

und als Dessert Mohn-Nuss-Flódni oder andere Strudel und Kuchen.

Unter den koscheren Restaurants ist das *Alef Alef* in der Inneren Stadt der Pionier. Hier wird die osteuropäische jüdische Küche hochgehalten. Der beste Gefilte Fisch in der Stadt ist dort zu finden, und auch die Matzekneidlsuppe kennt keine Konkurrenz. Freitagabends kann man dort die traditionelle Shabbatfeier erleben, mit Segenssprüchen über Wein und Brot sowie den Gesängen, die zu einer spirituellen Stimmung beitragen. Für Liebhaber von Fleischgerichten sowie üppiger Küche ist das *Bahur Tov* in der Taborstraße genau der richtige Platz. Hier kann es schon vorkommen, dass man das Tischtuch nicht mehr sieht, weil so viele Speisen darauf platziert sind. Gleich um die Ecke im *Mea Sharim* wird koscher asiatisch gekocht. Da die genannten koscheren Lokale fleischige Gerichte anbieten, wird man hier Milchgerichte oder Käse vergeblich suchen. In jedem Fall reiht sich das reichhaltige Angebot an israelisch-orientalischer-koscherer Küche in Wien in das bunte und vielfältige Programm an jüdischer Kultur und Tradition, das heute in mannigfacher Weise zur Auswahl steht.

Die Kashrut sind darum nicht bloß eine Gesetzessammlung, die man blind befolgt, sondern eine juristische und ethische, historisch gewachsene und zeitgenössische, traditionelle und moderne Lebensweise und Philosophie, in der wir wohnen und wachsen.

Rezept für Goldene Joich

Zutaten

1 Suppenhuhn (oder Hühnerklein, Hühnerkeulen, 1 Rindsknochen)
1 Packung Suppengrün (Sellerie, Karotten, Lauch, Rübe, Petersilie)
1 Zwiebel
Salz, Pfeffer
Lorbeerblatt
Wacholderbeeren

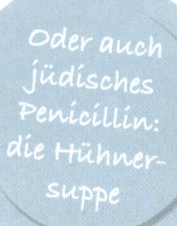

Oder auch jüdisches Penicillin: die Hühnersuppe

Die Hühnersuppe gilt als jüdisches Penicillin, sie soll eine entzündungshemmende Wirkung ausüben. Obwohl ich sonst kein Fleisch esse, mache ich hier, wenn ich sehr krank bin, eine Ausnahme. So hat mich die Hühnersuppe meiner Schwägerin Liliane über meine Covid-Erkrankung gerettet.

Das Fleisch mit kaltem Wasser waschen und in einen großen Topf mit reichlich kaltem Wasser (2 Liter oder mehr, je nachdem, wie viel Hühnerfleisch man nimmt) geben. Zusammen langsam aufkochen und den Schaum abschöpfen. Das Suppengemüse waschen, putzen, klein schneiden und samt Gewürzen, Salz und Pfeffer in die Suppe geben. Das Ganze 2 bis 2 ½ Stunden kochen lassen. Besonders wichtig: Die Zwiebel in die Hälfte schneiden und in einer Pfanne mit wenig oder gar keinem Öl scharf anbraten, dann in den Topf mit der Hühnersuppe geben (das ergibt die goldene Farbe). Nochmals Schaum von der Suppe abschöpfen, etwas abkühlen lassen und die Hühnerstücke und das Gemüse aus der Suppe schöpfen und beiseitestellen. Die Suppe nun durch ein feines Tuch in einen anderen Topf gießen und auf diesem Weg abseihen. Das beiseitegelegte Gemüse und die Fleischstücke dazugeben.

- BEN GERSHON -

Le Chaim!

Park East Synagogue in New York

Le Chaim!

Auf Reisen

Die Feiertage des jüdischen Jahreskreises in einem anderen Land zu erleben, war und ist für mich eine ausgesprochene Bereicherung. Wichtige Erfahrungen über die Diversität des jüdischen Lebens habe ich besonders bei meinen zahlreichen beruflichen und privaten Reisen gemacht. Das Judentum ist keine geschlossene Einheit, sondern zeichnet sich durch eine Vielfalt an Meinungen, Auffassungen und vor allem durch einen intensiven Diskurs über auch vielleicht unwesentlich erscheinende religiöse Themen aus. Tradition, Migration, Vermischung mit der Mehrheitsgesellschaft und Assimilation haben dazu geführt, dass sich das Judentum ständig in innerer Bewegung befand.

Im Judentum kann man die verschiedensten Ausprägungen erleben: streng orthodox, konservativ, liberal oder auch das Reformjudentum. Gleichzeitig leben viele Jüdinnen und Juden völlig säkular und nehmen Angebote der verschiedenen Gemeinden nicht an. Auch wenn in Wien die jüdische Gemeinde klein und mit weniger als 8000 IKG-Mitgliedern überschaubar ist, finden sich selbst hier verschiedene Strömungen.

Das diverse jüdische Leben erfahre ich bei jedem meiner Besuche in New York. Hier kann man über Jahre hinweg an jedem Freitag eine andere Synagoge besuchen und wird in jeder ganz unterschiedliche Traditionen und ein völlig anderes jüdisches Gemeindeleben erfahren. Unter den mehr als eintausend Synagogen gleicht keine der anderen.

Meine Lieblings-Synagoge ist sicher die Park East Synagogue von Rabbiner Arthur Schneier. Rabbi Schneier stammt aus Wien. Er konnte als Neunjähriger aus Wien flüchten und wurde in den USA zu einem angesehenen Rabbiner, der sich für Religionsfreiheit und interkonfessionelle Verständigung einsetzt und zum Ratgeber und Gesprächspartner vieler wichtiger internationaler Politikerinnen und Politiker und Religionsvertreterinnen und -vertreter avancierte. Seit 1962 leitet der charismatische Rabbi Schneier die Park East Synagogue, die 1890 auf der Upper

Danielle Spera mit Rabbi Arthur Schneier in New York

East Side im maurischen Stil errichtet wurde. Seine Synagoge erinnert mich von der Atmosphäre her sehr an den Stadttempel. Männer sitzen unten, Frauen auf der Balustrade. Die Bima, das Pult, von dem aus die Tora gelesen wird, ist ähnlich aufgestellt wie in Wien. Rabbi Schneier verbindet in seinen Gottesdiensten seine Ansprachen immer mit interessanten aktuellen Gedanken. Umrahmt werden sie vom fantastischen Gesang des weltberühmten Kantors Yitzhak Meir Helfgott. Es ist ein Ort in New York, wo ich mich sehr zu Hause fühle.

In der Bnei Jeshurun Synagogue, wo einige meiner Freundinnen und Freunde Mitglieder sind, erlebt man die Gottesdienste anders. Männer und Frauen sitzen, singen und tanzen hier zusammen, in einer sehr familiären Atmosphäre. Der beeindruckende Tempel Emanu-El am Central Park ähnelt eher einer großen Kirche als einer Synagoge. Er gehört zu den größten Synagogen der Welt und wird von einer Reformgemeinde getragen. Auch hier sitzen Männer und Frauen zusammen und hier setzen viele Betende gar keine – im Judentum eigentlich obligatorische – Kopfbedeckung auf. Wenn, dann tragen Frauen wie selbstverständlich die traditionelle Kopfbedeckung, die Kippa, und auch den Gebetsschal, den Tallit, der in orthodoxen Gemeinden den Männern vorbehalten ist. Mein Mann war dort übrigens der einzige männliche Teilnehmer beim Gottesdienst, der eine Kippa trug – ein überraschendes Bild für uns. Etwas ganz anderes bietet die Carlebach Shul. Es ist eine orthodoxe Synagoge, in der in chassidischem Stil und ganz in Erinnerung an den aus Baden bei Wien stammenden »singenden« Rabbiner Shlomo Carlebach die

Männer während des Gottesdiensts Lieder im Stil der Jazz-Messen in den katholischen Kirchen der 1970er Jahre vortragen. Der kleine Actors' Temple in Hell's Kitchen war die Synagoge der Filmstars wie Edward G. Robinson oder Shelley Winters. Nachdem die Filmstars

Von links, im Uhrzeigersinn: B'nai Jeshurun Synagogue in New York; Tempel Emanu-El in New York; The Actors Temple in New York; Verlassene Synagoge in New York

Auf Reisen

Wilshire Boulevard Temple in Los Angeles

sich Richtung Hollywood orientierten, ist diese Synagoge, die in den 1920er-Jahren erbaut wurde, ein Treffpunkt für Menschen aller Orientierungen und Religionen geworden und fungiert öfter auch als Theater. Die Diversität des Judentums ist in New York ganz besonders zu spüren, leider finden sich aber auch einige leer stehende Synagogen. Ein Hinweis darauf, dass für viele junge Menschen die Religion und Tradition nicht mehr wesentlich ist.

In Orlando war ich überrascht über den groß dimensionierten Parkplatz vor der reformierten Synagoge. Tatsächlich fahren dort die Gläubigen mit dem Auto zum Samstagsgebet. Zu Fuß wäre diese Synagoge auch gar nicht zu erreichen, da sie entlang der in den USA üblichen Schnellstraßen liegt und hier keine Möglichkeit besteht, ohne Auto hinzukommen. Doch auch hier gibt es eine große Auswahl an Synagogen, die man bequem erreichen kann, ohne die Shabbat-Gesetze übertreten zu müssen.

In Los Angeles staunte ich beim Besuch des Wilshire Boulevard Temples nicht schlecht. Diese älteste Synagoge in Los Angeles verfügt über etwas Einzigartiges: Sie ist mit üppigen Wandmalereien ausgestattet, die biblische Szenen und Szenen aus der jüdischen Geschichte zeigen. Dieser Treffpunkt der Hollywood-Gründer wurde im Auftrag der Warner Brothers ganz im Gegensatz zum Bilderverbot mit den großflächigen Gemälden versehen.

In Miami leben Verwandte und Freunde unserer Familie, daher bin ich dort häufig auf Besuch. Auch dort bietet sich ein sehr diverses Bild. Es gibt eine unendlich scheinende Fülle an Synagogen und Bethäusern, die das gesamte Spektrum des Judentums abdecken. Durch das starke Anwachsen der jüdischen Gemeinde und den Zuzug vieler junger Jüdinnen und Juden trifft man hier erfreulicherweise überall besonders viele Vertreterinnen und Vertreter der jungen Generation.

In Ecuador, wo wir als Familie und mit Freunden durch das Land reisten, besuchten wir die Synagoge von Quito, die – obwohl die Gemeinde mit etwa 800 Mitgliedern äußerst klein, aber im Wachsen befindlich ist – durch ihre Größe hervorstach. Nicht nur das: angeschlossen sind neben dem im Jahr 2000 errichteten Gemeindezentrum und der Mikwe auch Squash- und Tennisplätze.

Eine leider nur äußerst kurze Reise mit drei Tagen Aufenthalt führte mich nach Australien, wo ich den Gottesdienst in der Toorak Shul, einer imponierenden Synagoge aus dem Jahr 1930 mit 1300 Sitzplätzen besuchen konnte. Beim Shabbat-Gottesdienst wurde – wie in allen jüdischen Gemeinden – nicht nur für das Wohl des Staates Israel gebetet, sondern auch ein Gebet für die Queen, wie früher auch in Österreich für den Kaiser. Heute wird in Österreich für das Wohl der Republik und seiner Regierung gebetet.

Curaçao, auch eine Destination unserer Familien- und Freundesreisen, hat mich wirklich erstaunt. Die dortige Synagoge ist eine kleine Kopie der Amsterdamer Portugiesischen Synagoge. Es ist die älteste Synagoge in Mittel- und Südame-

Hope of Israel-Emanuel Synagogue mit Sandboden

Auf Reisen

Scuola Grande Tedesca in Venedig

rika, erbaut 1730, die Gemeinde entstand bereits einhundert Jahre vorher. Das ist aber noch nicht genug, denn diese Synagoge überrascht auch durch einen Boden aus Sand. Dafür werden mehrere Gründe genannt: Durch den Sandboden wurden die Schritte der Gläubigen nicht gehört. Die Juden, die aus Spanien und Portugal gekommen waren, konnten ihren Glauben nur im Geheimen ausüben. Daher war der Sandboden wichtig. Auch soll er an die 40 Jahre dauernde Wanderung durch die Wüste erinnern, und daran, dass Abraham und Sara im hohen Alter Eltern wurden; Gott hatte ihnen eröffnet, dass sie zahlreiche Nachkommen haben würden. Der Sand ist ein Symbol dafür. Die Amsterdamer Synagoge, die als Vorbild diente, wurde bereits 1675 eingeweiht. Sie fungiert heute auch als ein Teil des Jüdischen Museums Amsterdam und wurde zum Muster für zahlreiche andere Gotteshäuser, zum Beispiel für die Beavis Marks Synagogue im Londoner East End.

In Italien konnte ich in den verschiedensten Städten und Orten an Gottesdiensten teilnehmen. Beeindruckend ist das jüdische Viertel in Venedig, das Ghetto. Die fünf Synagogen, die sich dort befinden, sind von den unterschiedlichen Gemeinden im 16. und 17. Jahrhundert errichtet worden. Deutsche, italienische, spanische, portugiesische oder türkische Jüdinnen und Juden nahmen hier an den Gottesdiensten ihrer Gemeinden teil. Im Mittelalter wurden die Synagogen Scuola, also Schule – Schul, wie man auf Jiddisch sagte – genannt, da sie ein Ort der Versammlung und der Lehre sind. Von außen sind die venezianischen Synagogen als solche nicht erkennbar, wenn man sich aber in die Häuser begibt, ist man überrascht über den Glanz der Räumlichkeiten. Die Chabad-Bewegung, eine chassidische Gruppierung, die gegen Ende des 18. Jahrhunderts in Ljubawitschi gegründet wurde, ist hier wie überall auf der Welt sehr aktiv und fällt mit einem größeren Straßenlokal und einem Café direkt auf dem Campo del Ghetto Nuovo gleich ins Auge. Als ich vor einigen Jahren mit meinen Freunden Hermann und Rita Nitsch in Venedig war, wurde Nitsch mit seinem schwarzen Hut und seinem langen weißen Bart vom dortigen Rabbiner freudig begrüßt und zum Gebet eingeladen, da man ihn fälschlicherweise als höheren jüdischen Geistlichen identifiziert hatte. Es war dann gar nicht leicht, sie vom Gegenteil zu überzeugen. Letztendlich haben wir alle herzlich gelacht.

Die große Synagoge von Rom, der Tiempo Maggiore di Roma, ist das Gegenteil der versteckten jüdischen Gotteshäuser von Venedig. Hier ist das imposante, 1904 erbaute Gebäude am Ufer des Tiber weithin zu sehen. Auch hier wird man sehr an die Architektur einer Basilika erinnert – ein ganz eigenes Gefühl, hier einen Gottesdienst zu erleben. Gleich neben der Synagoge befindet sich eine ganze Reihe koscherer Restaurants und Cafés. Deren Spezialität ist eine Speise, um die es in den vergangenen Jahren heftige Diskussionen gab: Die Carciofi alla Giudia, frittierte Artischocken. Das israelische Oberrabbinat hatte das Gericht, das seit 600 Jahren gegessen wird, als nicht koscher erklärt. Die Begründung lautete, dass sich in den Artischocken ja Würmer befinden könnten. Die römische jüdische Gemeinde und auch die Gastronomen reagierten mit Empörung und Augenzwinkern: Man mache sich Sorgen um die Seelen jener Jüdinnen und Juden, die in den vergangenen 600 Jahren diese Speise gegessen hatten. Sie servieren die Artischocken bis heute und beharren darauf, dass keine Würmer darin zu finden seien.

Das sehr eigene Gefühl, in einer an eine Basilika erinnernde Synagoge zu beten, wurde noch getoppt durch einen Gottesdienst, den ich im Kloster Engelberg in der Schweiz erleben konnte. Nachdem in Engelberg immer viele orthodoxe Jüdinnen und Juden ihren Urlaub verbrachten und es hier auch ein koscheres Hotel sowie viele koschere Lebensmittel gab, musste auch eine Synagoge installiert werden. Da das Kloster über viele Räume verfügt, wurde die Synagoge kurzerhand dort eingerichtet und auch gut frequentiert. Das ist auch ein Vorteil des Judentums, dass eine Synagoge überall sein kann, Hauptsache, man hat eine Torarolle, Gebetbücher und die Gläubigen. Hier heißt es im 2. Buch Mose 20, 24: »**An jedem Ort, an dem ich meinem Namen ein Gedächtnis stifte, will ich zu dir kommen und dich segnen.**«

In Polen wurden die Synagogen im Lauf der letzten Jahre vorbildlich renoviert. Doch durch die Ermordung der Jüdinnen und Juden dort gibt es nur noch eine winzig kleine Gemeinde, das heißt, häufig können die Gottesdienste nicht stattfinden, da durch den Holocaust kaum noch Gläubige da sind. Meist sind es jüdische Touristinnen und Touristen, die teilnehmen. Gleichzeitig finden sich in kleineren polnischen Orten, die früher wichtige jüdische Zentren waren, wiederaufkeimende Blüten jüdischen Lebens, angeregt durch das Wirken der Chabad-Bewegung, wie ich es zum Beispiel in Lyschansk erlebt habe. In diesem Ort mit fast 14 000 Einwohnern befindet sich das Grab des berühmten chassidischen Rebben Elimelech von Lyschansk, daher wurde er zu einer Pilgerstätte für Jüdinnen und Juden aus aller Welt.

Die Tempel-Synagoge in Krakau, wie auch der Bukarester Choral-Tempel, beziehungsweise die Dohanyi-Synagoge in Budapest,

Kloster Engelberg in der Schweiz

Kupa-Synagoge in Krakau

sind dem Leopoldstädter Tempel nachempfunden. Im Gegensatz zum Leopoldstädter Tempel, der im Novemberpogrom zerstört wurde, sind die anderen erhalten geblieben und erinnern durch ihre spezielle Architektur an die Habsburgermonarchie und die Blütezeit des Judentums in Europa. So auch im Ort meiner Vorfahren, in Golčův Jeníkov, mitten in Tschechien. Ein Teil der Bewohner waren jüdische Händler, Handwerker und Kaufleute. Heute erinnert der große jüdische Friedhof und die 1870 errichtete mächtige Synagoge an das blühende Leben. Sonst ist in dem Ort mit seinen 2700 Bewohnerinnen und Bewohnern nichts mehr davon zu spüren.

In Krakau gibt es eine ganze Fülle von Synagogen im jüdischen Viertel. Es ist besonders die Altneuschul, die mich in ihren Bann zieht, stammt sie doch aus dem Mittelalter und ist bis heute erhalten. Die Wiener mittelalterliche Synagoge, die vermutlich von den Dombauherren zu St. Stephan gebaut wurde und mindestens genauso beeindruckend gewesen sein muss, wurde im Rahmen der Auslöschung der mittelalterlichen jüdischen Gemeinde 1421 abgerissen. Die Steine wurden für den Weiterbau der Universität Wien verwendet.

Der wohl außergewöhnlichste Ort, an dem jüdisches Leben stattfand und den ich besuchen durfte, war für mich definitiv Birobidschan. In diesem entlegenen östlichen Teil Russlands sollte nach der Revolution eine jüdische Region geschaffen werden, in der sich die Jüdinnen und Juden ansiedeln sollten. Aus der Ukraine, der Krim oder Weißrussland wurden Umsiedlungen organisiert. Tatsächlich strömten auch aus vielen anderen Ländern jüdische Kommunistinnen und Kommunisten an diesen an Bodenschätzen reichen, aber schwer zu entwickelnden Ort. Unter der Herrschaft Stalins und später nach der Staatsgründung Israels verließen viele Jüdinnen und Juden den unzugänglichen Ort dann wieder, der sich heute zu einer gepflegten Stadt mit mehr als 70 000 Einwohnerinnen und Einwohnern und einer Station an der Transsibirischen Eisenbahn entwickelt hat. Die jiddischen Straßenschilder und Aufschriften blieben aber über all die Jahre erhalten. Heute gibt es wieder eine jüdische Gemeinde, jüdische Festivals werden abgehalten, es gibt mehrere Synagogen, eine davon wurde in den 1980ern in einem für die Region typischen alten Holzhaus eingerichtet.

In Deutschland gibt es heute einhundert Synagogen. Viele Standorte der ehemals 2800 Synagogen sind seit der Shoa verwaist. Gleichzeitig findet man aber auch zahlreiche neue und architektonisch interessante Synagogenbauten. Die Gemeinden in Deutschland zeichnen sich durch ein sehr aktives und diverses Gemeindeleben aus und sind auch durch die Zuwanderung aus den Ländern der ehemaligen Sowjetunion geprägt. Auch hier habe ich schon die unterschiedlichsten Gottesdienste erlebt. In München hat sich in der durch ihre Schlichtheit beeindruckenden, 2006 neu erbauten Synagoge lange der Brauch erhalten, dass die Herren dem Gottesdienst in Zylindern beiwohnen. Das Gemeindeleben in Düsseldorf können wir immer wieder erfahren, da unsere Nichte mit ihrer Familie dort lebt und wir so manche Familienfeier dort abhalten.

Wiener Stadttempel

In Wien ist meine religiöse Heimat der Stadttempel und die Misrachi am Judenplatz, wobei der Judenplatz für mich einen ganz besonders spirituellen Raum in Wien darstellt. Hier befindet sich unter dem Shoa-Mahnmal von Rachel Whiteread die Ausgrabung der mittelalterlichen Synagoge, deren Reste wie durch ein Wunder anlässlich des Baus des Mahnmals gefunden wurden. Hier denken wir an die prosperierende jüdische Gemeinde im Wien des Mittelalters, aber gleichzeitig auch an deren Zerstörung. Heute befindet sich dort wieder eine Synagoge, die Misrachi, und auch ein jüdischer Kinder- und Jugendclub. Hier wird jüdische Geschichte, Gegenwart und Zukunft auf einem Platz vereint. Den wunderbaren Pluralismus im Judentum sehe ich als wichtige Chance, sich immer weiterzuentwickeln. In diesem Sinn verstehe ich auch den Inhalt meines Lebens. Nicht stehen zu bleiben, sondern sich den Herausforderungen des Lebens zu stellen und sie als Chance anzunehmen.

Le Chaim!

Zum Abschluss

An den Schluss möchte ich Zitate von drei Rabbinern stellen, die ich sehr verehre. Zunächst eine Passage aus einem Interview, das ich mit dem israelischen Oberrabbiner und heutigen Oberrabbiner von Tel Aviv, Israel Meir Lau, für das Magazin NU führen durfte, dessen Herausgeberin ich bin:

Spera: Sie waren der jüngste Überlebende des KZ Buchenwald. Fast Ihre gesamte Familie wurde von den Nazis ermordet. Eine Kernfrage, die wir uns immer wieder stellen und die Sie als Rabbiner – als sehr gläubiger Mensch – sicher auch Ihr Leben lang beschäftigt hat, ist, wie die Shoa überhaupt geschehen konnte.

Lau: Wir sind zu klein, zu schwach und zu kurz auf dieser Welt, um die Entscheidungen des Allmächtigen zu verstehen. Wir können nicht alles wissenschaftlich erforschen, wir haben für viele Probleme der Menschheit noch keine Lösung gefunden. Krebs, Aids sind bisher unerforscht. Die Meere, die Atmosphäre sind noch nicht bis zum letzten Element erforscht. Wir können die Sonne nicht erreichen, die meisten Sterne sind zu weit von uns entfernt, als dass wir sie entdecken könnten. Wir begeben uns also in dieser Frage auf eine metaphysische Ebene. Das ist der Unterschied zwischen Wissen und Glauben. Wissen kann man beweisen. Wenn man diese Frage beantworten könnte, ist es nicht mehr Glauben, sondern Mathematik. Glaube ist aber nicht Mathematik, also dreimal zwei ist sechs. Das lässt sich überprüfen. Glaube ist etwas ganz anderes.

Spera: Wie kann man nach dem, was Sie erlebt haben, seinen Glauben behalten, wenn es keine Antwort darauf gibt, dass Gott, wenn es ihn gibt, die Shoa nicht verhindert hat?

Lau: König David sagte: Deine Taten, Allmächtiger, sind für meinen Geist zu groß. Als Kind habe ich immer gefragt: Dlaczego, das ist polnisch und heißt: Warum? Aber ich habe keine

Antwort bekommen – bis heute, 60 Jahre später.

Spera: Es gibt religiöse Stimmen, die die Shoa mit den Sünden der Juden in der Vergangenheit erklären wollen.

Lau: Ich bin nicht der Buchhalter des Allmächtigen. Ich kann meine Bücher in Ordnung halten und meine Taten beurteilen, aber die von anderen Menschen nicht. In der Tora kann man immer wieder Stellen finden, wie im Buch Hiob, oder die Opferung Isaaks, wo man nachlesen kann, dass Menschen immer wieder geprüft wurden, um ihren Glauben zu testen. Das war keine Strafe, nur eine Prüfung. Was kann ich über die Entscheidungen Gottes wissen? Die Shoa ist für mein Verständnis zu hoch.

Mauer des Gedenkens in Yad Vashem

Le Chaim!

Lord Jonathan Sacks in einer Rede im Europäischen Parlament am 19. September 2008 anlässlich des Europäischen Jahres des interkulturellen Dialogs 2008:

»Wenn ich die hebräische Bibel lese, höre ich von Anfang an die Aufforderung Gottes zum Dialog. Ich möchte auf zwei Textstellen hinweisen. Ich weiß nicht genau, wie das in der Übersetzung ankommt, und ich hoffe, dass jeder den Sinn versteht, der mich in einer anderen Sprache hört. Ich möchte auf zwei Textstellen in den Anfangskapiteln der Bibel hinweisen, deren Bedeutung seit 2000 Jahren in der Übersetzung verloren geht. Die erste steht dort, wo Gott sieht, dass der erste Mensch isoliert und allein ist, und die Frau erschafft. Und als der Mann die Frau zum ersten Mal sieht, spricht er das erste Gedicht der Bibel: ›Das ist nun endlich Bein von meinem Gebein und Fleisch von meinem Fleisch. Diese soll man Isha, Männin, heißen, denn von Ish, dem Manne, ist sie genommen.‹

Nun, das hört sich nach einem sehr einfachen Gedicht an. Es klingt sogar ziemlich herablassend, als wäre der Mann die erste Schöpfung und als wären Frauen lediglich eine nachträgliche Idee. Die eigentliche Bedeutung liegt allerdings in der Tatsache, dass das Hebräisch der Bibel zwei Worte für Mann kennt und nicht nur eines. Das eine ist Adam und das andere ist Ish. In diesem Vers, den ich gerade zitiert habe, kommt in der Bibel zum ersten Mal das Wort ›Ish‹ vor. Hören Sie den Satz noch einmal. ›Diese soll man Isha heißen, denn von Ish ist sie genommen.‹ Mit anderen Worten, der Mann muss den Namen seiner Frau aussprechen, noch bevor er seinen eigenen Namen kennt. Ich muss ›du‹ sagen, bevor ich ›ich‹ sagen kann. Ich muss den anderen erkennen, bevor ich mich selbst wirklich verstehen kann.

Das ist der erste Punkt, den die Bibel deutlich macht: Identität ist dialogisch. Der zweite Punkt ergibt sich kurz darauf in der ersten großen Tragödie, die die ersten menschlichen Kinder, Kain und Abel, erleben. Wir erwarten brüderliche Liebe. Stattdessen kommt es zu geschwisterlicher Rivalität und dann Mord, Brudermord. Und im Mittelpunkt dieser Geschichte in Genesis, Kapitel 4, steht ein Vers, der unübersetzbar ist und in jeder englischen Bibel, die ich bis jetzt gelesen habe, war der Vers nicht übersetzt, sondern umschrieben. Ich werde ihn wörtlich übersetzen, dann werden Sie sehen, warum niemand ihn so übersetzt. Wörtlich bedeutet der hebräische Text Folgendes: ›Und Kain sagte zu Abel, und es begab sich, als sie auf dem Felde waren, dass Kain sich auf seinen Bruder Abel stürzte und ihn erschlug.‹ Sie sehen sofort, warum das so nicht übersetzt werden kann, denn dort steht zwar ›Und Kain sagte‹, aber nicht, was er sagte. Der Satz ist grammatikalisch falsch. Die Syntax ist gebrochen. Die Frage ist, warum? Die Antwort ist klar: die Bibel beschreibt auf höchst dramatische Weise, in einem abgebrochenen Satz, wie das Gespräch zusammengebrochen ist. Der Dialog scheiterte. Und was lesen wir direkt anschließend? ›Und Kain stürzte sich auf seinen Bruder und erschlug ihn.‹ Oder, einfach ausgedrückt: Wo Worte enden, beginnt die Gewalt. Der Dialog ist die einzige Möglichkeit, die schlechtesten Seiten unserer Natur zu besiegen.

Dialog beweist also, dass alle menschlichen Beziehungen, ob zwischen einzelnen Personen oder zwischen Ländern oder Kulturen oder Glaubensrichtungen, zwei Seiten haben. Einerseits unsere Gemeinsamkeiten und andererseits unsere Unterschiede. Was wir miteinander gemein haben und was jeder nur allein hat. Ich versuche, dies in möglichst einfachen Worten zu sagen. Wenn wir völlig verschieden wären, könnten wir nicht miteinander kommunizieren, aber wenn wir vollkommen gleich wären, hätten wir nichts zu sagen.

Gott hat uns viele Sprachen und viele Kulturen gegeben, aber nur eine Welt, in der wir zusammenleben müssen, und diese Welt wird jeden Tag kleiner. Ich wünsche uns, den Ländern und den Kulturen Europas, dass wir in all unserer wunderbaren Vielfalt zusammen einen neuen europäischen Bund der Hoffnung eingehen.«

Und last but not least,
Paul Chaim Eisenberg:

»Es ist ein Mythos, dass die Juden immer
zusammenhalten. Nach dem Krieg sind nur
wenige Wiener Juden zurückgekommen.
Es kamen welche aus Ungarn, Polen und
aus der Sowjetunion. Das Schöne ist, wir sind
alle in einer Gemeinde. Das ist nicht überall so.
Als Oberrabbiner bin ich ein besonders toleranter
Mensch. Ich kann mit allen Juden und auch mit
Christen und Muslimen, solang sie nicht
fundamentalistisch oder extrem sind.«

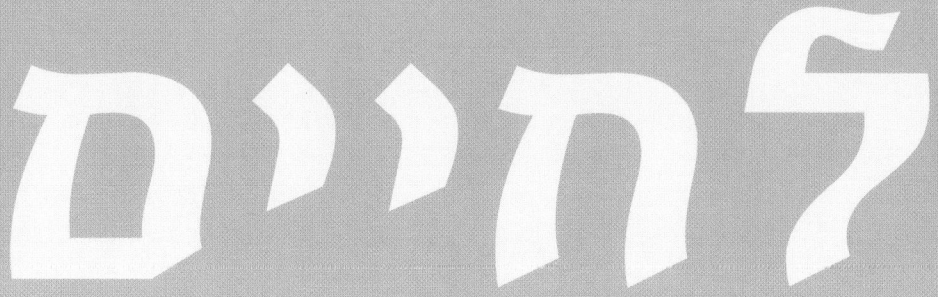

Zum Abschluss

Glossar

Adar 6. Monat im jüdischen Kalender, Februar/März

Afikoman Aramäisch: »Afiko« und »Kamen« = »vor uns herausziehen«; ein Stück Matza, das am Sederabend versteckt und von den Kindern gesucht wird

Al Netilat Jadajim Frei übersetzt: »das Gefäß zu nehmen, um das Wasser über die Hände zu gießen«; rituelles Händewaschen

Aron haKodesh Tora-Schrein

Ashkenas, Ashkenasi, Ashkenasim (Pl.) Bezeichnung für Jüdinnen und Juden aus Mittel- und Osteuropa

Assara be Tewet »Kleiner« Fasttag, der an den Beginn der Belagerung Jerusalems durch König Nebukadnezar von Babylonien im Jahr 587 v. d. Z. erinnert.

Aw 11. Monat im jüdischen Kalender, Juli/August

Bar Mitzwa, Bat Mitzwa Wörtl. »Sohn, Tochter der Pflicht«, Fest zur religiösen Mündigkeit mit 13 beziehungsweise 12 Jahren

Barches Zopfbrot für Shabbat

Bar-Kochba-Aufstand Jüdischer Aufstand gegen die römische Besatzung in Judäa 132–136 unter der Führung von Shimon bar Kochba

Beit Din Rabbinatsgericht bestehend aus mindestens drei Rabbinern unter der Leitung eines Dajan, das sich u. a. mit Scheidungen, Streitfällen, Adoptionen und Übertritten befasst

Besamimbüchse Gewürzbehälter, in dem duftende Gewürze aufbewahrt werden

Beschert Jiddisch: Lebenspartnerin/Lebenspartner

Bima Podium in der Synagoge, auf dem während des Gottesdienstes aus der Tora gelesen wird

Birkat haMason Tischgebet nach dem Essen, wenn Brot gegessen wurde

Bracha, Brachot (Pl.) Segensspruch

Brit Mila Beschneidung

Chabad Chassidische Bewegung, die im 18. Jahrhundert in Ljubawitschi in Weißrussland gegründet wurde

Chag la Ilanot Wörtl. »Fest der Bäume«, Tu bi Shwat; Neujahr der Bäume

Chag Sameach! Frohes Fest!

Chalake Feier des ersten Haarschnitts für Burschen im Alter von drei Jahren

Chalaw Milch

Challa, Challot (Pl.) Siehe auch: Barches = Zopfbrot für Shabbat

Chametz Gesäuertes, vor allem Brot und Gebäck, dessen Genuss und sogar Besitz während Pessach verboten ist

Chanukka Lichterfest, beginnt am 25. Kislew (November/Dezember)

Chanukkia Chanukka-Leuchter

Charosset Brei aus Äpfeln und Nüssen, der beim Sedermahl gegessen wird; erinnert an den Lehm für die Ziegelsteine, die die Juden in Ägypten produzieren mussten

Chassidisch, Chassidismus Fromm; streng nach den Gesetzen lebende Praxis des Judentums, oft mit mystischen Elementen

Chatuna Hochzeit

Cheshwan 2. Monat im jüdischen Kalender, Oktober/November

Chol haMoed Tage während der Feste Pessach und Sukkot, die nicht als Feiertage gelten

Chuppa Trauhimmel, Hochzeitsbaldachin

Dajan Richter am Rabbinatsgericht

Diaspora Zerstreuung der Juden, jüdische Gemeinschaften außerhalb Israels

DP-Lager Einrichtungen zur vorübergehenden Unterbringung von Displaced Persons (DPs) nach dem Ende des Zweiten Weltkriegs in Deutschland, Österreich, Frankreich und Italien

Dreidl Kreisel, Spielzeug zu Chanukka

Elul 12. Monat im jüdischen Kalender, August/September

Erew Abend; liturgische Bezeichnung für den Vorabend und Beginn jüdischer Feiertage

Eruw Shabbat-Grenze

Eshet Chajil Loblied auf die Frau, aus dem Buch der Sprüche (Mishle 31, 10–31)

Etrog Zitrusfrucht für Sukkot

Gemara Ein die Mishna erklärender und ergänzender Text, bilden zusammen den Talmud

Get Ehescheidungsbrief

Hachnasat Orchim Wörtl. »Hineinführen der Gäste«: Willkommenheißen der Gäste, das bereits in der Tora beschrieben wird, als Abraham in der Hitze des Tages fremde Männer vor seinem Zelt sieht und sie labt (1. Buch Mose, 18)

Haggada Wörtl. »Erzählung«; Leitfaden der Sederfeier zu Pessach, erzählt den Auszug der Juden aus Ägypten

Hakafot Tora-Umzüge in der Synagoge zu Simchat Tora

Halacha Religionsgesetz

Hawdala Zeremonie, die den Ausgang des Shabbat mit allen Sinnen begleitet

Hawdala-Kerze Gedrehte Kerze mit drei Dochten, die während der Hawdala-Zeremonie verwendet wird

Hechsher Koscher-Zertifikat, das auf Lebensmitteln und weiteren Produkten in Form eines Siegels, bei Fleisch als Plombe, angebracht und in Geschäften und Restaurants ausgehängt wird

Holocaust Griechisch: wörtl. »Brandopfer«, wird als Begriff für die Ermordung von etwa sechs Millionen europäischen Jüdinnen und Juden im Nationalsozialismus verwendet

Ijar 8. Monat im jüdischen Kalender, April/Mai

Jad Wörtl. »Hand«, auch: Tora-Zeiger

Jahrzeit Tag, an dem sich nach jüdischem Kalender der Todestag eines nahen Verwandten jährt

Jiskor-Gebet Gebet zum Gedenken an die verstorbenen Angehörigen

Jobeljahr Nach 3. Buch Mose 25 jedes 50. Jahr, nämlich die Zeit nach sieben mal sieben Shabbatjahren; Schulden wurden erlassen und Sklaven freigelassen

Jom haAtzma'ut Israelischer Unabhängigkeitstag

Jom haShoa Holocaust-Gedenktag in Israel

Jom haSikaron Israelischer Nationalfeiertag zum Gedenken an die Gefallenen der Feldzüge Israels und die Opfer der »Akte des Hasses«

Jom Kippur Versöhnungstag

Kabbala Wörtl. »Überlieferung«, Bezeichnung für die jüdische Mystik

Kaddish Wichtiges Gebet aus dem Gottesdienst, wird auch als Trauergebet, das für das Seelenheil der Verstorbenen bittet, gesprochen

Karpas Rettich oder ähnliche Erdfrucht auf dem Sederteller

Kashrut Rituelle Unbedenklichkeit; jüdische Speisegesetze

Keren Kayemet LeIsrael (KKL) Jüdischer Nationalfonds; 1901 u. a. von Theodor Herzl gegründet

Ketuba, Ketubot (Pl.) Ehevertrag

Kiddush Wörtl. »Heiligung«, Segen über den Wein

Kippa Traditionelle Kopfbedeckung für jüdische Männer

Kislew 3. Monat im jüdischen Kalender, November/Dezember

Knesset Israelisches Parlament

Kohen, Kohanim (Pl.) Priester

Kol Nidre Eröffnungsgebet zu Jom Kippur

koscher Sauber, rein, rituell tauglich

Lag ba Omer Jüdisches Fest am 33. Tag der Omer-Zählung

Latkes Kartoffelpuffer

Le Chaim! Wörtl. »Auf das Leben!«, hebräischer Trinkspruch

Lecha Dodi »Komm, mein Freund«; Begrüßungslied für den Shabbat, geschrieben von Shlomo Alkabetz, einem Kabbalisten aus Thessaloniki

Levit, Levi'im (Pl.) Angehörige(r) des Stammes Levi

Luach Kalender

Lulaw Feststrauß, der zu Sukkot verwendet wird

Maariw Abendgebet

Majim Acharonim Wörtl. »Wasser danach«, zweites Händewaschen vor dem Essen

Makkabäer Jüdische Freiheitskämpfer gegen die Seleukiden

Maror Bitterkraut, das zu den symbolischen Speisen des Sedermahls gehört

Matza Shmura »Bewachte« Matza, hier wird das Getreide von Anfang an bis zur Ernte überwacht und auf die Vermeidung eines möglichen Säuerungsprozesses geprüft.

Matza, Matzot (Pl.) Ungesäuertes Brot

Megilla, Megillot (Pl.) Rolle bzw. Buchrolle

Megillat Esther Esther-Rolle

Menora Siebenarmiger Leuchter, der zu den heiligen Geräten im Tempel zählte

Mesusa Schriftkapsel am Türpfosten eines jüdischen Hauses, enthält das wichtige Gebet Shma Israel

Mikwe, Mikwaot (Pl.) Tauchbad

Minhag, Minhagim (Pl.) Brauch

Minjan Wörtl. »Anzahl«; zehn jüdische Männer. die für das Abhalten eines Gottesdienstes benötigt werden

Mishkan Wörtl. »Wohnstatt«, auch als Stiftshütte bekannt; ein mobiles Heiligtum, das die Israeliten nach Gottes Anweisung in der Wüste bauen sollten (2. Buch Mose 25–31)

Mishloach Manot Wörtl. »Portionen verteilen« (jiddisch: »Schlachmones«), Geschenke, die zu Purim an Verwandte, Freunde und an Bedürftige verteilt werden

Mishna Niederschrift der mündlichen Überlieferung, Basis des Talmud

Misrachi Religiös-zionistische Bewegung

Mitzwa Eine von 613 Geboten bzw. Verhaltensregeln

n. d. Z. »nach der Zeitrechnung«, entspricht christlicher Zeitrechnung n. Chr.

Nissan 7. Monat im jüdischen Kalender, März/April

Omer-Zeit Zeit zwischen Pessach und Shawuot (49 Tage)

Orthodoxie Strenggläubige jüdische Richtung

Pessach Wörtl. »Überschreiten«, Fest zur Erinnerung an den Auszug aus Ägypten

Pessach-Haggada Pessach-Erzählung für den Sederabend

Pur, Purim (Pl.) Wörtl. »Los, Lose«; Fest der Lose, das an die Rettung der Juden im persischen Achämenidenreich erinnert

Rabbiner, auch Raw, Rabbanim (Pl.) Jüdischer Geistlicher; Lehrer, Seelsorger und Gottesdienstleiter

Reformjudentum Strömung innerhalb des Judentums, entstanden im 19. Jahrhunderts in Deutschland zur Modernisierung des traditionellen Judentums

Rosh Chodesh Bezeichnung für den ersten Tag eines jeden Monats im jüdischen Kalender

Rosh haShana Jüdisches Neujahr

Sachor we Shamor Gebot: »Erinnere und hüte« ... den Shabbat

Sandak Pate, der das Kind bei der Beschneidung hält

Schächten Rituelle Schlachtung

Seder Wörtl. »Ordnung«, erster und zweiter Abend des Pessachfestes

Sederteller Geschirr für die sechs traditionellen Speisen am Sederabend

Sefarde, Sefardi, Sefardim (Pl.) Juden und Jüdinnen, die aus Spanien oder dem Orient stammen

Sefirat-Zeit Bezeichnet das rituelle Zählen eines jeden der 49 Tage zwischen den jüdischen Festen Pessach und Shawuot

Seleukiden Hellenistische Großmacht, die zwischen dem 3. und 2. Jahrhundert v. d. Z. im Gebiet von Kleinasien bis Baktrien herrschte

Shabbat Wöchentlicher Ruhetag von Freitagabend bis Samstagabend

Shabbat Shalom! Wörtl. »Friedvoller Shabbat!«, Grußformel am Shabbat

Shadchan (männl.), Shadchanit (weibl.) Heiratsvermittler

Shalom Wörtl. »Frieden«, Grußwort

Shawuot Wörtl. »Wochen«, Wochenfest

Shemini Atzeret Wörtl. »Achter Tag der Versammlung«, Schlussfest, das auf das siebentägige Laubhüttenfest Sukkot folgt

Shidduch Arrangement, bei dem zwei Menschen durch einen Shadchan oder eine Shadchanit einander vorgestellt werden, in der Hoffnung, dass sie harmonieren und unter Umständen heiraten werden

Shiur, Shiurim (Pl.) Lerneinheit

Shiwa Wörtl. »Sieben«; sieben Tage, in denen nächste Verwandte nach dem Tod eines Familienmitglieds zu Hause trauern, wobei sie von Freunden besucht werden

Shma Jisrael »Höre Israel«, das bekannteste Gebet im Judentum, das wichtige Grundsätze des Judentums zusammenfasst

Shmitta-Jahr Auch Shabbatjahr genannt; das Ruhejahr für Äcker gemäß der Tora

Shoa Wörtl. »Katastrophe/Vernichtung«, hebräische Bezeichnung für den Holocaust

Shofar, Shofar-Horn Ausgehöhltes Widderhorn als Blasinstrument für die hohen Feiertage

Shulchan Aruch Wörtl. »Der gedeckte Tisch«; Zusammenfassung des rabbinischen Gesetzes durch Josef Karo (1488–1575)

Shwat 5. Monat im jüdischen Kalender, Jänner/Februar

Simchat Tora Fest der Gesetzesfreude; das Tora-Jahr endet und beginnt neu.

Siwan 9. Monat im jüdischen Kalender, Mai/Juni

Sufganija, Sufganijot (Pl.) Krapfen; wird zu Chanukka gegessen

Sukka, Sukkot (Pl.) Laubhütte

Synagoge Griechisch: wörtl. »Versammlung«, Raum, in dem sich die jüdische Gemeinde zum Gebet versammelt

Tallit Gebetsmantel, Gebetsschal

Talmud Bezeichnung für einen um die Mitte des 6. Jahrhunderts unserer Zeitrechnung entstandenen Text, der aus der Mishna und der Gemara besteht

Tammus 10. Monat im jüdischen Kalender, Juni/Juli

Tanach Hebräische Abkürzung für die Heilige Schrift

Tashlich-Gebet Geht auf einen jahrhundertealten Brauch zurück; die Gemeinde versammelt sich am Nachmittag des ersten Rosh haShana-Tages an einem fließenden Gewässer und spricht am Ufer das Gebet, in dem man symbolisch die begangenen Sünden abschüttelt.

Tenaim Traditionelle Feier, zu der Datum und Bedingungen einer Verlobung durch die Familien des Paares bekanntgegeben werden

Tewet 4. Monat im jüdischen Kalender, Dezember/Jänner

Tisha be Aw Fasttag am 9. Tag des Monats Aw; ein jüdischer Fast- und Trauertag, an dem der Zerstörung des Jerusalemer Tempels gedacht wird

Tishrei 1. Monat im jüdischen Kalender, Oktober/November

Tora Hauptteil des Tanach, die Fünf Bücher Mose

Tu bi Shwat Neujahrsfest der Bäume

Tzeroa Teil eines Lammknochens mit Fleischresten, der auf dem Sederteller liegt, aber nicht gegessen wird

Tzom Gedalia Fasttag, der nach dem jüdischen Neujahr stattfindet und an die Ermordung des jüdischen Statthalters der Babylonier, Gedalia, durch einen anderen Juden über einen politischen Streit erinnert

Upsherin (auch Opscheren) Siehe Chalaka; Feier des ersten Haarschnitts für Burschen im Alter von drei Jahren

v. d. Z. »vor der Zeitrechnung«, entspricht christlicher Zeitrechnung »v. Chr.«

WIZO Women's International Zionist Organisation, 1920 in London gegründet

Yad Vashem Gedenkstätte der Märtyrer und Helden des Staates Israel im Holocaust

Zionismus Politische Ideologie europäischer Juden, die auf die Gründung eines jüdischen Staates in Palästina abzielte

Weitere wichtige Begriffe des Judentums

Alija, Alijot (Pl.) Wörtl. »Aufstieg«, Rückkehr von Juden ins Gelobte Land, seit dem 19. Jahrhundert allgemein jüdische Einwanderung nach Palästina bzw. Israel

B'nai B'rith Wörtl. »Söhne des Bundes«, 1843 in New York gegründete Loge deutsch-jüdischer Einwanderer

Beit haChaim Wörtl. »Haus des Lebens«, Bezeichnung für Friedhof, auch: Bet Olam, »Haus der Ewigkeit«

Beit haKnesset Wörtl. »Haus der Versammlung«; Versammlungsort, Synagoge

Bnei Akiva Wörtl. »Söhne Akivas«, religiös-zionistische Jugendorganisation der Misrachi

Cheder Wörtl. »Zimmer«; jüdische Religionsschule

Cherem Bann

Chewrat Kadischa Wörtl. »Heilige Gesellschaft«, Bezeichnung für die Beerdigungsgesellschaft in jüdischen Gemeinden

Eretz Israel Land Israel

Gesera Vertreibung

haKoah Wörtl. »die Kraft«, Name des Sportclubs Hakoah Wien

haSchomer haTzair Wörtl. »Der junge Wächter«, jüdische Jugendorganisation

Haskala Jüdische Aufklärung

Jeshiwa Talmud-Hochschule

JHWH Unvokalisierter Eigenname Gottes im Tanach; auch Abkürzung für: »Ich werde sein, der ich sein werde«

Jom Tow Wörtl. »guter Tag«, Feiertag

Kabbalat Shabbat Gebet zur Begrüßung des Shabbat

Keddusha Wörtl. »Heiligung«, jüdisches Gebet

Kehilla Gemeinde

Keter Tora Tora-Krone, Symbol für Zierde der Tora

Kiddush haShem Heiligung des Namens (Gottes)

Machsor Gebetbuch für die Feiertage

Magen David Davidstern, Symbol für das Judentum

Makkabiade Größte internationale jüdische Sportveranstaltung ähnlich der Olympischen Spiele

Masal Tow! Wörtl. »Viel Glück!«, gebräuchlichste Wunschform bei Feiern und Festen

Me'il, Me'ilim (Pl.) Tora-Mantel

Midrash Rabbinischer Bibelkommentar

Mincha-Gebet Gebet, das vor dem Maariw-Gebet gesprochen wird

Mohel Beschneider

Musaf-Gebet Zweiter Teil des Morgengebets am Shabbat und an Feiertagen

Ne'ila-Gebet Schlussgebet an Jom Kippur

Ner Tamid Ewiges Licht, das in Synagogen in der Nähe des Aron haKodesh hängt

Neshama Seele

Pentateuch Die Fünf Bücher Mose: Bereshit (Genesis), Shemot (Exodus), Wajikra (Leviticus), Bemidbar (Numeri), Dewarim (Deuteronomium)

Rimon, Rimonim (Pl.) Wörtl. »Granatapfel, Granatäpfel«, auch: Tora-Aufsätze

Sanhedrin Jüdischer Gerichtshof zur Zeit des Jerusalemer Tempels und danach

Shacharit Morgengebet

Shalosh Regalim Bezeichnung für die drei Wallfahrtsfeste Pessach, Shawuot und Sukkot

Shmone Esre 18-Bitten-Gebet, Hauptteil des jüdischen Gottesdienstes; im sefardischen Ritus oft als Amida (»stehend«) bezeichnet

Slicha, Slichot (Pl.) Bußgebet zwischen Rosh haShana und Jom Kippur

Sofer Tora-Schreiber

Tas Toraschild, eines der Schmuckstücke der Tora

Tefillin Gebetsriemen; an zwei Lederriemen befestigte Kapseln, die jüdische Männer an der Stirn und am linken Arm tragen

Teshuwa Wörtl. »Buße«, »Umkehr«

Tfilla, Tfillot (Pl.) Gebet

Tikkun Olam Wörtl. »Verbesserung der Welt«, eine zentrale Forderung im Judentum, die später in der Kabbala aufgegriffen wurde

Tzadik, Tzadikim (Pl.) Wörtl. »Gerechter, Gerechte«; Bezeichnung für einen chassidischen Rabbiner

Tzedaka Wohltätigkeit; ein zentrales Gebot im Judentum

Literaturverzeichnis

Aron **Barth**: Der moderne Jude und die ewigen Fragen, Jerusalem 1957.

Thomas **Bernhard**: Einfach kompliziert, Frankfurt am Main 1986.

Arik **Brauer**, Erwin **Javor** (Hg.): Die Brauer Haggada, Wien 2014.

Walter **Brämer**: Die 101 wichtigsten Fragen zum Judentum, München 2015.

Nachman **von Breslaw**: Likutei Moharan, Teil 2, 48, 2.

Yishai **Chasidah**: Encyclopedia of Biblical Personalities. Anthologized from the Talmud, Midrash and Rabbinic Writings, Rahway 1994.

Jeffrey M. **Cohen**: 1,001 Questions and Answers on Rosh HaShanah and Yom Kippur, Lanham 1997.

Efrat **Gal-Ed**: Das Buch der jüdischen Jahresfeste, Berlin 2019.

Susanne **Galley**: Das jüdische Jahr. Feste, Gedenk- und Feiertage, München 2003.

Ulrich **Gerhardt**: Jüdisches Leben im jüdischen Ritual. Studien und Beobachtungen 1902–1933, Heidelberg 1980.

Hans I. **Grünewald**: Die Lehre Israels, München 1970.

Johannes **Heil**, Frederek **Musall**: Sakrale Räume im Judentum. Festschrift für Salomon Korn, Heidelberg 2020.

Heinrich **Heine**: Prinzessin Sabbat, in: Romanzero III, Hamburg 1851.

Georg **Herlitz**, Bruno **Kirschner** (Hg.): Jüdisches Lexikon. Ein enzyklopädisches Handbuch des jüdischen Wissens in vier Bänden, Band 1, Frankfurt am Main 1987.

Theodor **Herzl**: Briefe und Tagebücher, Band 2, Berlin 1983.

Michael **Krupp**: Der Talmud. Eine Einführung in die Grundschrift des Judentums mit ausgewählten Texten, Gütersloh 1995.

Israel Meir **Lau**: Wie Juden leben. Glaube – Alltag – Feste, Gütersloh 2017.

Hanna **Liss**: Tanach – Lehrbuch der jüdischen Bibel, Heidelberg 2019.

Johann **Maier**: Judentum von A–Z. Glauben, Geschichte, Kultur, Freiburg 2001.

Erich **Mühsam**: Wüste, Krater, Wolken, Berlin 1914.

Nachmanides (Rambam): Sefer ha-emunah veha-bitahon, Warschau 1877.

Gerold **Necker** (Hg.): Der babylonische Talmud. Übertragen und erläutert von Jakob Fromer, Wiesbaden 2013.

Alfred **Paffenholz**: Was macht der Rabbi den ganzen Tag? Das Judentum, Düsseldorf 1995.

Walter L. **Rothschild**: 99 Fragen zum Judentum, Gütersloh 2002.

Kurt **Schubert**: Jüdische Geschichte, München 2017.

Schweizer Israelitischer Gemeindebund: SIG Factsheet.

Norman **Solomon**: Judentum. Eine kurze Einführung, Stuttgart 2006.

Danielle **Spera**: 100 x Österreich. Judentum, Wien 2020.

Paul **Spiegel**: Was ist koscher? Jüdischer Glaube, jüdisches Leben, Berlin 2005.

Hilde **Spiel**: Fanny von Arnstein oder Die Emanzipation. Ein Frauenleben an der Zeitenwende 1758–1818, Frankfurt am Main 1962.

Günter **Stemberger**: Einleitung in Talmud und Midrasch, München 1992.

Nahum **Stutchkoff**: Der Oytser fun der Yidisher Shprakh, New York 1950.

Friedrich **Thieberger**: Jüdisches Fest, jüdischer Brauch, Berlin 1967.

Michal **Typolt-Meczes**, Hannes **Etzlstorfer**, Dan **Fischman** (Hg.): Jüdisches Museum Wien, Kosher for ... Essen und Tradition im Judentum. Ausstellungskatalog des Jüdischen Museums Wien, Wien 2014.

Simon Philip **de Vries**: Jüdische Riten und Symbole, Wiesbaden 2005.

Hans **Weigel**: Die Leiden der jungen Wörter. Ein Antiwörterbuch, München 1979.

Internetquellen

Chabad.org: https://www.chabad.org/ (Abgerufen am 12. Dezember 2021).

Judaism 101: https://www.jewfaq.org/ (Abgerufen am 30. November 2021).

Robert **Musil**: Der Mann ohne Eigenschaften. Erstes Buch, 1930-1932, https://www.projekt-gutenberg.org/musil/mannohne/chap112.html (Abgerufen am 10. Jänner 2022).

Imrey **Noam**: Judentum online, https://judentum.online/ (Abgerufen am 18. Dezember 2021).

The Jewish Chronicle: https://www.thejc.com/ (Abgerufen am 21. Februar 2022).

Universität Innsbruck: Die Bibel in der Einheitsübersetzung (von 1980), https://www.uibk.ac.at/theol/leseraum/bibel/ (Abgerufen am 16. Jänner 2022).

Bildnachweis

Danielle Spera (2, 10, 13, 14, 15, 18, 20, 29, 30, 35, 36, 38, 39, 45, 47, 48, 55, 60, 74, 78, 80, 81, 85, 87, 88, 90, 114, 115, 120/121, 122, 131, 132, 136, 137, 139, 144, 146, 150/151, 152, 154, 157, 167, 169, 170/171, 175, 176, 183, 190, 191 links oben, 191 links unten, 194, 196, 197, 199, 200, 202, 206), Peter Rigaud (16, 65 unten), Theresa Eckstein (19), Jüdisches Museum Wien (23, 33, 64, 65 oben, 66, 77, 96/97, 112, 116, 119, 123, 126, 133, 134/135, 148/149, 161 unten, 162, 172), Ouriel Morgensztern (31, 32, 34, 67), Gabriele Seethaler (46), Jüdisches Museum Wien/Maya Zack (49), Svetlana und Andre Wanne (59), Wikipedia (63, 72, 83, 92, 99, 109, 188, 191 rechts oben, 191 rechts unten, 192, 193), Jüdisches Museum Wien/Sammlung Dobronyi (68, 69, 94, 173), Jüdisches Museum Wien/Sebastian Gansrigler (71), Asher Ireland (95), Jüdisches Museum Wien/Katharina Lischka (106), Josef Polleross (113, 124/125, 178/179, 181, 185, 187), Andreas Svirak (138), Harry Weber (155, 159, 161 oben, 164/165, 166), Jüdisches Museum Wien/David Peters (180)

Cartoons auf den Seiten 41, 51, 53, 73, 110, 117, 140, 142/143, 186 © Ben Gershon
Comics by Ben Gershon: Gershon's kosher comic-strip *Jewy Louis* is published in the *Jüdische Allgemeine* and *Tachles Wochenmagazin*. You can find more information on his website www.BenGershon.com

Die Autorin und der Verlag haben alle Rechte abgeklärt. Konnten in einzelnen Fällen die Rechteinhaber der reproduzierten Bilder nicht ausfindig gemacht werden, bitten wir, dem Verlag bestehende Ansprüche zu melden.

Die Autorin

© Josef Polleross

Dr. Danielle Spera, geboren in Wien, Studium der Publizistik und Politikwissenschaft. 1978–2010 Journalistin, Moderatorin und Redakteursrätin im ORF, »Romy«-Preisträgerin. Seit 2010 Direktorin des Jüdischen Museum Wien, 2013–2019 Präsidentin von ICOM Österreich, seit 2020 Vizepräsidentin. Autorin zahlreicher Bücher und Beiträge. Zuletzt bei Amalthea erschienen: »100 x Österreich: Judentum« (2020).

Die Haggada nach Arik Brauer

Die »Haggada« erzählt die Geschichte des Auszugs der Juden aus der ägyptischen Sklaverei und begleitet den Ablauf des Sederabends am Vorabend des alljährlichen Pessach-Festes. Wenn sich Familie und Freunde beim Festmahl versammeln, wird aus der »Haggada« gemeinsam gelesen und gesungen.
Für die »Brauer Haggada« hat Arik Brauer, der international renommierte Mitbegründer des Phantastischen Realismus, 24 Bilder geschaffen, die diese Geschichte illustrieren. Oberrabbiner Paul Chaim Eisenberg kommentiert im Dialog mit Erwin Javor die biblischen Texte ebenso wie der israelische Dramatiker Joshua Sobol. So vermengen sich in der »Brauer Haggada« die Stimmen und Gefühle moderner, kritischer Juden mit der Beständigkeit religiöser Tradition und Zugehörigkeit.

....

Die Brauer Haggada
Hrsg. von Erwin Javor

Prachtausgabe für den Sederabend, mit CD
126 Seiten, mit zahlreichen Abbildungen
ISBN 978-3-85002-861-5

Die Brauer Haggada – Handbuch
Hrsg. von Erwin Javor

Handbuch für den Sederabend
126 Seiten, mit zahlreichen Abbildungen
ISBN 978-3-85002-862-2

Amalthea   amalthea.at

Jüdische Geschichte in 100 Miniaturen

Wissen Sie, wo die Mazzesinsel liegt? Kennen Sie Fanny von Arnstein oder den Hasen mit den Bernsteinaugen? Österreichs jüdische Geschichte ist so spannend wie vielseitig.

Danielle Spera, Direktorin des Jüdischen Museum Wien, präsentiert unterhaltsam und fundiert eine sehr persönliche Auswahl von 100 jüdischen Persönlichkeiten und Geschichten, die Sie auf keinen Fall versäumen sollten.

Aus dem Inhalt:
Jüdischer Humor
Tora und Tora-Schmuck
Das jüdische Burgenland – die Siebengemeinden
Das Wienerlied
Die Rothschilds
Theodor Herzl und die Erfindung des Zionismus
Eugenie Schwarzwald und die Reformpädagogik
Die Emanzipation der Frauen
Koscher in den Bergen
Jüdischer Sport
Hollywood in Österreich – Österreich in Hollywood
Die Shoah und Orte der Erinnerung in Österreich
Das Jewish Welcome Service und sein Gründer Leon Zelman
Feiern im frühen Jahr: Tu Bischwat und Purim
Bar Mizwar und Bat Mizwa
u. v. a.

....

Danielle Spera
100 x Österreich: Judentum

256 Seiten, mit zahlreichen Abbildungen
ISBN 978-3-99050-171-9
eISBN 978-3-903217-47-8

Amalthea   amalthea.at

Besuchen Sie uns im Internet unter: amalthea.at

© 2022 by Amalthea Signum Verlag, Wien
Alle Rechte vorbehalten
Umschlaggestaltung: Johanna Uhrmann
Umschlagabbildungen: © Jüdisches Museum Wien/Sammlung Dobronyi (Cover oben), © Danielle Spera (Cover unten, Rückseite), © macrovector/Freepik (Banner mit Davidsternen)
Lektorat: Sina Will
Herstellung und Satz: VerlagsService Dietmar Schmitz GmbH, Heimstetten
Gesetzt aus der Kepler Std und der Museo Sans
Designed in Austria, printed in the EU
ISBN 978-3-99050-222-8